ANSELM GRÜN

PETIT TRAITÉ
DE SPIRITUALITÉ
AU QUOTIDIEN

*Traduit de l'allemand
par Claude Maillard*

Albin Michel

Albin Michel
■ *Spiritualités* ■

Collection « Espaces libres »

Toutes les citations de l'Écriture sont empruntées
à la Bible de Jérusalem, éd. 1973-1975.

Édition originale :
© Verlag Herder, Fribourg-en-Brisgau, 1997

Première édition :
© Éditions Albin Michel, 1999

Nouvelle édition au format de poche :
© Éditions Albin Michel, 2018

Introduction

Une jeune femme participe à une soirée de la Saint-Sylvestre, dans un milieu où l'on ne se contente pas de boire du mousseux et de tirer des pétards, mais où l'on tient à entrer en toute conscience dans l'année nouvelle. Quelqu'un a dessiné, sur cinquante cartes, cinquante anges pour l'année, et invité les participants à tirer chacun une carte pour son année à lui. Ces anges représentent autant d'attitudes qui doivent marquer de leur empreinte notre existence. Bien entendu, ces cinquante manières d'être ne peuvent pas déterminer toutes à la fois ma vie. Mais si, une année durant, je m'exerce à conserver l'une de ces attitudes, alors c'est ma vie entière qui en ressentira les effets, alors il y aura en moi quelque chose de nouveau. Une attitude mentale constante vise à nous donner une consistance dans une vie privée de consistance et de repères. Elle correspond à ce que l'on appelait autrefois vertu. La vertu – en latin, *virtus* –, cela signifie, tout à la fois, la force, et la fermeté avec laquelle un homme est ancré dans la vie. Si nous nous entraînons à l'exercice d'une telle « vertu », alors notre vie vaut quelque chose, alors elle sera réussie. Dans la vertu réside une force qui a le pouvoir de changer la tournure de notre vie. Pour les Grecs, la « vertu », c'était l'*arétê*, la nature propre à l'être noble et cultivé.

À chacune de ces attitudes a été attribué un ange. Les anges sont aujourd'hui revenus à la mode. Après avoir mené tant bien que mal, pendant des décennies, une existence plutôt modeste, en théologie aussi bien que dans la conscience collective, ils sont de nouveau en grande faveur dans bien des livres. Dans la Bible, les anges sont des messagers de Dieu. Ils signalent sa proche présence secourable et thérapeutique. On ne sait pas toujours avec clarté si ce sont des entités autonomes, ou seulement des figurations de la présence aimante et consolatrice de Dieu. Une chose est sûre : les anges sont, pour les hommes, les messagers d'une autre réalité, d'une réalité plus profonde. Les représentations qu'ils évoquent pour nous sont des images précieuses, nées de notre nostalgie d'un monde autre, affranchi de la pesanteur, où nous nous sentirions en sécurité, où régneraient la beauté et l'espérance. L'une des vérités profondes que décèle la figure des anges, c'est que notre vie est « autre chose encore », qu'elle renvoie à un au-delà d'elle-même. Les anges sont les images de notre désir profond et permanent d'une assistance et d'un pouvoir thérapeutique que nous ne trouvons pas en nous-mêmes. S'ils sont aujourd'hui de nouveau « en vogue », c'est qu'ils expriment l'espoir que, réellement, notre vie ne débouche pas sur le vide, qu'elle puisse être réussie et qu'il nous soit possible d'atteindre le but qui est vraiment le nôtre. Les anges sont des accompagnateurs spirituels sur notre chemin. Ils nous font percevoir un désir très profond, présent en chacun de nous. Ils sont une source d'inspiration. Par eux nous est insufflée une vie autre, plus grande, qui donne satisfaction à ce désir de notre cœur.

Dieu envoie ses anges pour protéger les humains. Nous connaissons depuis l'enfance la prière à l'ange gardien. Bien des gens ont fait litière de cette image de l'ange gardien. Mais s'ils échappent, par chance, à un accident de voiture, ils n'en croient pas moins qu'un bon ange les a protégés. Il importe assez peu de savoir si c'est Dieu lui-même qui nous a protégés, ou si c'est un ange qu'il nous a envoyé pour le faire. Les images ont une puissance qui leur appartient en propre. C'est pourquoi nous pouvons tranquillement user de leur langage pour décrire l'action secourable de Dieu. Il y a des anges à nos côtés. Il y a des anges qui veillent sur nous. Il y a des anges qui nous révèlent, dans nos rêves, où notre chemin devrait aller.

Les anges sont des compagnons de route. Ils nous montrent le chemin, comme l'ange Raphaël qui conduisit jadis le jeune Tobie en toute sécurité jusqu'à son but. Dieu envoie son ange délivrer Pierre de sa prison, réconforter Jésus au mont des Oliviers. Les anges interprètent souvent pour nous ce que nous ne comprenons pas. C'est ainsi qu'un

ange explique à Marie ce qui doit lui advenir. Et
c'est encore un ange qui apparaît en songe à Joseph
pour lui expliquer ce qu'il en est de Marie, sa fian-
cée. Aujourd'hui, les anges sont redevenus tout à fait
fréquentables. Rilke ne cesse de parler de ces anges
qui interviennent dans nos vies. Sur les tableaux de
ses dernières années, Paul Klee a souvent représenté
un ange. En 1920, il a peint son célèbre *Angelus
novus*. Marc Chagall, lui, a peint l'*Ange au paradis*.
De Salvador Dalí nous avons *L'Ange*, d'Andreas
Felger un *Ange bénissant* (*Segnender Engel*), et de
H.A.P. Grieshaber *L'Ange de l'histoire*. Il n'est pas
jusqu'à la musique pop qui ne s'intéresse aux anges.
Bien des gens associent aujourd'hui aux anges les
idées de protection, de sécurité, de beauté, d'espérance et de légèreté.

La Bible sait d'autres choses encore sur les anges.
Ils voient la face de Dieu. Jésus déjà nous l'a dit :
« Gardez-vous de mépriser aucun de ces petits : car
je vous le dis, les anges aux cieux voient constamment la face de mon Père qui est aux cieux » (*Matthieu*, 18, 10). Saint Benoît est convaincu que les
moines chantent les Psaumes à l'adresse de Dieu
en présence des anges. Ils ne chantent pas seuls. Ils
sont environnés d'anges qui ouvrent les cieux au-
dessus de leur chant et portent leur prière jusqu'à
Dieu. Ces anges leur donnent l'espoir et l'assurance
qu'ils ne prient pas en vain. Les anges qui nous
entourent lorsque nous prions établissent un lien
entre le ciel et la terre, ils sont l'assurance que nous
ne sommes pas seuls dans notre effort pour faire

dans la prière l'expérience de Dieu. Les anges nous disent : Dieu est là, tout près. Tu es plongé dans Sa présence, qui est amour et guérison.

L'idée que les anges correspondent à des attitudes mentales déterminées a été reprise à l'époque actuelle par la communauté de Findhorn. Les membres de cette communauté sont à l'évidence convaincus que nous pouvons nous entendre avec les anges, que ceux-ci nous parlent de nous et de nos possibilités de transformation, qu'ils nous fournissent un appui et mettent à notre portée des attitudes nouvelles. Telle est la nature des « cinquante anges » présentés dans ce livre pour nous accompagner tout au long de l'année. Ils nous initient à des attitudes qui font du bien à notre vie.

Les anges voudraient éveiller en nous quelque chose que, dans l'agitation de la vie quotidienne, nous oublions ou négligeons. Se représenter que, cette année, je suis accompagné par l'ange de la fidélité, ou par l'ange de la tendresse ; que Dieu m'envoie un ange pour m'enseigner le mystère de la fidélité ou de la tendresse : quelle belle image ! Ces cinquante anges qui jalonnent l'année, ils nous accompagnent sur notre chemin, ils nous transmettent l'espoir que notre vie n'est pas vaine, que nous pouvons en atteindre le but. Ces cinquante attitudes mentales définissent des forces, des potentiels qui modèlent et remodèlent l'existence, et qui ont le pouvoir de nous rendre de plus en plus conformes à l'« image originelle » de ce que nous pourrions et devrions être. Dans l'image des anges, ce sont ces potentiels de transformation qui se manifestent à nous. Mais cela signifie encore, à vrai dire, que ces attitudes mentales ne sont jamais simplement l'expression de notre propre effort et de sa réussite. Ils sont aussi un don, une grâce, une sagesse qui nous est accordée.

À l'occasion de cette soirée de réveillon, chacun a tiré une carte, un ange. Il l'a fait avec la conviction de tirer précisément l'ange dont il a besoin pour l'an qui vient, celui qui lui fera du bien. Nous pourrions souhaiter aussi à un ami, à une amie, pour son anniversaire ou sa fête, de rencontrer un ange. Les pensées qui me sont venues à l'esprit à propos de chacun de ces anges sauront peut-être donner une forme plus concrète à nos souhaits, et nous éviter d'en rester à ces paroles vides de sens qui, sinon, remplissent nos cartes de vœux. Mais chacun peut aussi se choisir un ange qui l'accompagnera la semaine ou le mois à venir, ou pendant la nouvelle année de vie qui commence pour lui.

Choisis-toi, ami lecteur, l'ange qui s'adresse à toi de la façon la plus directe, celui que tu crois être le plus propre à te faire du bien, précisément aujourd'hui. Et si tu le souhaites, tu peux aussi communiquer avec d'autres êtres dont tu sais qu'ils vivent également avec l'un de ces anges. Que t'a enseigné ton ange ? Quelles expériences as-tu faites avec lui ? Quelle perspective nouvelle s'est ouverte à toi ? Où s'est esquissé en toi un mouvement ? Qu'as-tu vu s'épanouir en toi ?

1.

L'ange de l'amour

L'amour : un mot tellement usagé que j'hésite presque à le mettre en tête de mes cinquante anges. Les « tubes » chantent l'amour. Tout tourne autour de lui. Pour beaucoup de gens, ce mot est immédiatement associé à l'idée d'une sexualité comblée. Mais quelque avili que puisse être le mot « amour », chacun n'en aspire pas moins, au fond de son cœur, à l'amour. Il désire ardemment être aimé de manière inconditionnelle par un autre. Il est rempli de joie quand il s'éprend d'un autre être et que celui-ci répond à son amour. Alors, quelque chose en lui s'épanouit. Aussitôt, son visage rayonne de joie. Il se sait accepté et aimé sans condition par l'ami, par l'amie. L'amour – c'est ce que nous enseignent les contes – peut rappeler à la vie des êtres pétrifiés. Il peut retransformer des animaux en humains. Ceux qui étaient possédés par un instinct – tel est le sens de l'animalité dans les contes –, victimes d'une sorcière, de projections malfaisantes, il peut les métamorphoser, refaire d'eux des princes charmants ou de merveilleuses princesses, objets d'amour et de désir, capables d'éprouver et de communiquer le bonheur.

Mais si je souhaite la présence de l'ange de l'amour, pour moi-même ou pour toi, ami lecteur, cela ne veut pas seulement dire que je te souhaite d'être aimé ou de t'éprendre d'un autre, homme ou femme. Car l'amour, c'est plus que l'état amoureux. L'amour, c'est pour moi une façon d'être spécifique. J'ai dans ma cellule une icône de saint Nicolas. Quand je la regarde, je sens que ce saint est en lui-même tout amour. Il est un pur rayonnement d'amour. Il n'est pas amoureux d'une femme. Il n'est probablement pas non plus amoureux de Jésus-Christ, mais si totalement imbibé d'amour que son être entier reflète l'amour. Un désir fondamental pousse l'être humain non seulement à aimer celui ou celle qu'il aime, mais encore à devenir lui-même amour. Quiconque est devenu amour aime tout ce qui l'environne. C'est rempli d'amour qu'il rencontre tous les êtres et suscite en eux la vie. Pas un brin d'herbe qu'il ne touche avec amour et respect. Il connaît cette idée du Talmud : à chaque brin d'herbe, Dieu a associé un ange afin de le faire pousser. C'est avec amour qu'un tel être contemple le soleil couchant. Il se sent aimé par Dieu à tel point que l'amour divin rayonne et se répand à travers lui. Tout ce qu'il fait en porte l'empreinte. Il fait son travail par amour. Lorsqu'il chante, il chante parce qu'il aime, parce que son amour cherche à s'exprimer.

Depuis toujours on associe à l'amour l'ange de l'amour. À qui m'aime, je dis : tu es un ange. S'il m'est donné d'en faire l'expérience, j'ai le sentiment qu'un ange est entré dans ma vie. Selon Phil Bosmans, un ange, c'est quelqu'un « que Dieu envoie dans ta vie, sans que tu l'aies attendu ni mérité, pour allumer, dans tes ténèbres, quelques étoiles ».

Rose Ausländer sait qu'il y a en toi un ange qui se réjouit de ta lumière et pleure sur tes ténèbres :

« Dans ses ailes murmurent
Des mots d'amour
Des poèmes, des caresses »

Nous avons besoin des anges de l'amour pour nous initier à son mystère, pour nous mettre en contact avec sa source, qui jaillit en nous mais est bien souvent obstruée ou troublée par nos émotions blessées.

Mais dans ta relation avec l'ange de l'amour, il te faut aussi agir avec prudence. Il ne faut pas trop lui demander. Il peut seulement transformer ce que tu lui apportes. Si tu réprimes et verrouilles tes sentiments d'agressivité, l'ange ne peut pas les pénétrer de son amour. Alors ils restent au fond de toi, comme une lie amère. Et, peu à peu, ils viendront perturber tes efforts pour accéder à l'amour. Présente à ton ange tout ce qu'il y a en toi, même l'irritation et la fureur, même la jalousie et l'angoisse, même l'humeur chagrine et la déception. Car tout en toi aspire à la métamorphose par l'amour. Laisse l'ange t'accompagner partout et toujours. Associe-le à tes conflits sur le lieu de ton travail, aux difficultés qu'il te faut affronter dans la famille, le mariage, l'amitié. L'ange de l'amour, ce n'est pas un sucre anodin qui se répand en pluie sur toutes choses ; il vise à transformer ta vie. Il ne t'interdit rien. Pas même ta colère. Il n'attend pas de toi que tu ne te sentes pas blessé. Il voudrait seulement que tu le laisses pénétrer de sa lumière tout ce que tu vis. Alors tu verras tes conflits sous un autre éclairage. Ils ne disparaîtront pas tout simplement. Il n'y aura pas toujours des solutions rapides et sans aspérités. Ton ange de l'amour aime aussi la vérité. Il voudrait que tous vous considériez avec attention ce qui s'est passé, que vous preniez au sérieux les sentiments que vous inspirent vos conflits. Cependant il voudrait aussi que vous ne vous cramponniez pas à votre sensibilité blessée, mais que vous la laissiez remettre en question par l'amour.

Aimer, cela ne signifie pas en premier lieu éprouver des sentiments tendres. Pour pouvoir aimer et bien agir envers ce que l'on aime, il faut d'abord la foi et le regard juste, une vision renouvelée. Prie ton ange de l'amour de bien vouloir te donner cette vision nouvelle, afin que tu puisses te percevoir toi-même et percevoir ceux qui t'entourent dans un éclairage lui aussi nouveau, et découvrir ce qu'il y a de bon au fond de toi et des autres. Alors tu sauras en faire un meilleur usage. Je te souhaite que ton ange de l'amour t'initie toujours davantage au mystère de l'amour divin, qui est en toi comme une source intarissable. Tu n'as pas à créer l'amour en toi. Tu as à t'abreuver à cette source qui jaillit en toi et ne te fera jamais défaut.

Notre coeur.

vibre d'Amour ; Notre

coeur saigne

2.

L'ange de la réconciliation

L'ange de la réconciliation est destiné à te rendre capable tout d'abord de te réconcilier avec toi-même. Bien des êtres vivent aujourd'hui en désaccord avec eux-mêmes. Ils ne peuvent pas admettre que leur vie ait pris une tournure autre que celle qu'ils avaient voulu lui donner. Ils querellent leur destinée, les déceptions que la vie leur a apportées. Ils ne parviennent pas à s'accepter eux-mêmes. Ils voudraient être autrement qu'ils ne sont : plus intelligents, plus dignes d'amour, plus capables de succès ; avoir meilleure apparence, mieux correspondre à une certaine image bien déterminée qu'ils ont d'eux-mêmes.

La réconciliation, cela signifie le dénouement des conflits, la paix, le baiser de paix, la détente. Me réconcilier avec moi-même, c'est donc me mettre d'accord avec celui que je suis devenu, l'accepter tel qu'il est ; apaiser les tensions entre les besoins et les souhaits divers qui me divisent et m'écartèlent ; abolir l'écart qui s'est creusé entre l'image idéale que j'ai de moi et ma réalité ; apaiser l'âme irritée qui ne cesse de se révolter contre cette réalité. Cela veut dire donner le baiser de paix à ce qu'il m'est si difficile d'accepter : mes faiblesses et mes fautes ; user de tendresse envers moi-même, envers cela même précisément qui contredit mon image idéale. Pour que cela réussisse, pour que je dise vraiment oui à ce qu'a été ma vie, à mon caractère, à tout ce qui m'est échu en fait de fardeaux à porter, il me faut bien, assurément, l'assistance d'un ange.

C'est seulement si je suis réconcilié avec moi-même que je peux penser à la réconciliation avec ceux qui m'entourent et sont en conflit avec moi et avec d'autres encore. Ceux qui restent intérieurement divisés et irréconciliés susciteront autour d'eux aussi la division. Il y a aujourd'hui beaucoup d'êtres qui, malgré leur piété, répandent au-dehors leur propre division intérieure. Parce qu'ils ont d'eux-mêmes une image idéale trop haute, ils dissocient toute la part d'ombre qu'ils portent en eux. Et ce qu'ils ont dissocié, ils ne peuvent faire autrement que de le projeter sur autrui. En l'autre, ils voient constamment le diable ou quelque démon. Ils ne peuvent s'empêcher de diaboliser ceux qui ne vivent pas selon les normes de l'Église, qui ne correspondent pas à l'idée qu'ils se font d'une morale chrétienne. Parce qu'ils ont dissocié d'eux-mêmes le diable à l'intérieur de leur propre cœur, ils le voient partout dans leur entourage. Ces êtres-là répandent autour d'eux la discorde. Certains sont heureux quand survient enfin quelqu'un qui ose leur dire cette vérité ; d'autres sentent qu'il émane d'eux quelque chose de morbide, un facteur de dissociation, et ils se détournent.

L'apôtre Paul comprend précisément le service des chrétiens comme un service de réconciliation. C'est Dieu lui-même qui nous a transmis ce « ministère » (cf. 2 Corinthiens, 5, 18). L'ange de la réconciliation veut faire de toi un messager de la réconciliation : non pas que tu te répandes partout en exhortations et en commandements, mais que tu sois toi-même un agent de la réconciliation. Cela ne signifie pas que tu recouvres du manteau de la piété tous les conflits autour de toi, que tu tentes de rétablir l'harmonie entre toutes les divergences et toutes les dissensions. Bien des gens croient à tort que c'est cela, la réconciliation. Mais c'est qu'en réalité ils ne peuvent pas supporter les conflits. Ils sont pris de peur quand tout n'est pas harmonie autour d'eux. Cela leur rappelle des situations insécurisantes qu'ils ont vécues dans leur enfance, par exemple des querelles de ménage qu'ils ont éprouvées comme autant de menaces parce qu'elles les privaient du sentiment d'être en sécurité dans leur foyer. Réconcilier, cela veut dire aplanir, aplanir le chemin entre les parties en présence, jeter un pont entre les groupes antagonistes. Mais cela ne veut pas dire tout niveler, tout harmoniser. Les différents points de vue ont le droit de subsister, mais ils ne se combattent plus. Il existe un pont sur lequel les parties désunies peuvent se rencontrer et communiquer à nouveau.

Avant de vouloir réconcilier les autres entre eux,

avant de pouvoir régler, autour de soi, les diffé-
rends entre des groupes devenus hostiles, il faut être
d'abord réconcilié avec soi-même ; il faut aussi vivre
en paix avec son entourage. Cela non plus ne veut
pas dire que le prix à payer pour l'union doive être
l'étouffement de tous nos sentiments et de tous nos
besoins. Au contraire : qui réprime son irritation
pour l'amour de la paix ne sera jamais réconcilié
avec celui qui l'a irrité. On doit prendre ses propres
sentiments au sérieux ; mais il ne faut pas porter
sur eux un jugement de valeur. Tous, ils ont leur
sens. Si l'on éprouve de la colère contre sa collègue,
cela veut dire quelque chose. L'irritation, c'est l'incitation à changer quelque chose ou à voir quelque
chose autrement. Si, au cours d'une conversation, je
me mets en colère et que, dans une bonne inten-
tion, je réprime cette colère, l'atmosphère en sera
empoisonnée. Si je traite cette colère de manière
appropriée, sans la juger, alors elle peut devenir
un facteur de clarté. La colère montre souvent que
l'autre ne dit pas vraiment ce qu'il pense et sent,
mais qu'il tourne autour du pot. Si je manifeste
mon irritation, je lui offre la possibilité de porter
sur lui-même un regard critique, je lui présente un
pont sur lequel nous pouvons mieux communiquer,
de façon plus loyale. Mais le point décisif, c'est que
je ne veuille pas à tout prix avoir raison, c'est que je
respecte l'autre et que je souhaite me réconcilier
avec lui. Se réconcilier avec l'autre, cela implique
que l'on prenne au sérieux et l'autre, et soi-même,
et ses propres sentiments.

La réconciliation présente aussi une dimension politique. Les êtres non réconciliés ne dissocient pas seulement leur entourage ; la dissociation fait tache d'huile. Ils marquent de leur empreinte l'atmosphère de leur pays. Ils confirment les préjugés à l'encontre de quiconque pense autrement, vit autrement. L'atmosphère qu'ils créent pousse à l'usage de la violence envers ceux qui, par origine ou par nature, apparaissent comme des étrangers. Ce que veut notre ange, c'est donc faire de toi, ami lecteur, un ferment de réconciliation dans notre monde. Si ton discours porte la marque de la réconciliation, tu la répandras aussi autour de toi. Auprès de toi, alors, les étrangers et les marginaux se sentiront acceptés ; alors tu ne sèmeras plus les pommes de la discorde, mais le grain de sénevé de l'espoir et de la concorde.

3.

L'ange de l'exubérance

Il y a dans cette notion, l'exubérance, quelque chose qui personnellement me semble un peu singulier. Peut-être parce que je suis moi-même plutôt de ceux qui se dominent, et non de ceux qui se laissent aller à leur spontanéité. Mais peut-être as-tu besoin toi-même, ami lecteur, tout comme moi, de te laisser un peu aller. Se laisser aller, en ce sens, cela veut dire laisser de côté le rôle que l'on joue d'ordinaire, laisser tomber les masques, faire passer à l'extérieur un peu de la vie qui nous habite. Celui qui est exubérant, nous considérons qu'il manque de retenue, qu'il dépasse, dans l'expression de soi-même, la mesure généralement admise par les mœurs. Il ne vit donc pas selon la norme coutumière ; il projette à l'extérieur sa vie, les visées qui l'animent. Il possède un cœur débordant de vitalité joyeuse.

L'ange de l'exubérance souhaite donner à l'homme le courage – le cœur – de faire confiance à sa propre vivacité spontanée. On n'est pas obligé de se demander ce que les autres vont en penser, si ce que l'on fait correspond encore à la coutume, si l'on satisfait aux attentes d'autrui. On a le droit de faire abstraction de ces attentes qui viennent du dehors ; de faire confiance à son cœur, à son humeur. La vie veut s'extérioriser. Or la vie, ce n'est pas toujours seulement la modération. C'est aussi le débordement, l'excès, la spontanéité de l'enfance. Mais on ne peut pas simplement décider, un jour, d'être spontané ; ce serait un paradoxe. Ou bien l'on est spontané, ou bien on ne l'est pas. Si l'on *veut* l'être, on ne l'est déjà plus.

Peut-être es-tu, ami lecteur, simplement discipliné. Alors tu pourrais demander à ton ange de l'exubérance de te mener vers la liberté. Il nous faut prendre de la distance par rapport à nous-mêmes pour nous permettre enfin de vivre, tout simplement, ce qu'il y a en nous. Trop souvent, nous nous demandons ce qu'en penseraient les autres, quelle impression nous leur donnerions, si nous donnions de nous telle ou telle image. Être exubérant, c'est être libre de toute réflexion sur les attentes des autres ; c'est mettre ces attentes de côté et faire confiance à la vie qui nous habite ; c'est quitter le rôle que nous jouons d'ordinaire, déposer le masque qui trop souvent dissimule cette vie en nous.

L'exubérance, c'est le jaillissement spontané de la vie. Cette vie, il n'est pas non plus en notre pouvoir de la susciter. Parfois nous nous sentons vivants ; c'est comme un torrent en nous. Alors, les paroles coulent de nous comme d'une source ; alors, nous pouvons communiquer la vie à toute une société ;

alors, il nous vient des idées complètement folles. Le plus souvent, une telle exubérance devient contagieuse ; elle se propage comme l'étincelle propage le feu, et fait naître la liberté. Les autres se sentent tout à coup assez libres pour faire confiance à leurs intuitions, à l'enfant en eux, qui voudrait jouer sans se demander si son jeu poursuit un but et sert à quelque chose. L'enfant, lui, est en contact avec lui-même. Il vit selon la vie qui est en lui, et non pas selon les attentes de son entourage. C'est pourquoi nous, les adultes, nous sommes pris de la nostalgie de cette vie toute simple, sans toutes les complications de notre réflexion qui ne cesse de se demander ce qui nous est permis, ce qui nous est demandé, ce qui est exigé de nous. Je te souhaite, ami lecteur, d'être reconduit par l'ange de l'exubérance vers cette liberté de l'enfant, et de pouvoir ainsi, usant librement de tous tes sens, jouir pleinement de la vie.

4.

L'ange de la sauvegarde

Sauvegarder, préserver ce qui doit être préservé, c'est user d'attention, de vigilance ; c'est user d'égards envers tout ce que nous vivons, ce que nous voyons, ce que nous apprenons. En notre temps précisément, qui est celui de l'éphémère, nous avons besoin de l'ange de la sauvegarde ; non pas pour nous figer dans le passé, mais pour ne pas perdre, dans l'agitation fébrile de la vie, le trésor de notre expérience vécue. Notre temps vit trop vite, il nous fait perdre aussitôt de vue ce que nous venons de voir. Nous ne cessons de passer d'une impression à la suivante. Mais ainsi, rien ne peut croître et se développer en nous, et nous nous sentons déchiquetés. Nous ne pouvons pas apprécier le goût de ce que nous venons de vivre. Bien des gens aujourd'hui sont incapables de vivre avec intensité l'instant présent, de percevoir vraiment ce qu'ils sont en train de vivre. Aussi ont-ils besoin, pour simplement se percevoir eux-mêmes, de recevoir du dehors des impulsions toujours plus fortes.

Les moines des premiers temps ont développé

une méthode qui leur permettait de vivre entièrement dans l'instant présent. Cette méthode, c'était la méditation ou, comme ils l'appelaient, la *ruminatio* : ils se faisaient ruminants. Ils prenaient en bouche les paroles de l'Écriture, et ne cessaient de les ruminer. Ils les répétaient en leur cœur, les contemplaient, les ramenaient constamment dans le champ de leur vision, les considéraient sous tous les angles possibles. Un seul mot de l'Écriture pouvait ainsi les occuper des jours entiers. Et c'est ainsi qu'en eux la Parole devint chair. Elle les a transformés ; elle leur a donné un appui sûr, dans l'agitation de leur esprit et le tumulte du monde. Elle leur a donné ainsi le pouvoir d'être tout entiers dans l'instant présent. Rien pour eux n'avait plus d'importance que d'être présents en face de la présence de Dieu.

Dans une belle formule imagée, les anciens Pères ont comparé notre rapport à la Parole avec le comportement du cheval et du chameau. Le chameau se contente de peu de nourriture, qu'il ne cesse de ruminer ; le cheval, lui, a besoin de manger beaucoup, et il n'est jamais rassasié. Et saint Antoine, le grand ancêtre, nous exhorte à imiter, dans notre fréquentation de la Parole de Dieu, le chameau et non le cheval. Il ne faut pas que nous cessions d'absorber insatiablement des données nouvelles ; il faut que nous conservions, sauvegardé dans notre cœur, le peu que nous avons lu et entendu. Alors, ce peu aura le pouvoir de nous transformer ; alors, nous pourrons en vivre. Dans sa prison de Tegel, à Berlin, Dietrich Bonhoeffer évoque des souvenirs qui, dans la solitude de sa cellule, lui apportent lumière et réconfort. Il était capable de conserver au fond de son cœur, et d'en vivre dans la froideur désolée du temps présent, ce que lui avaient apporté un service divin, un concert. La faculté qu'il avait de garder vivantes en lui des paroles et des expériences salutaires répondait pour lui à la question plaintive de Hölderlin : « Malheur à moi, où trouverai-je, quand ce sera l'hiver, les fleurs, où trouverai-je la clarté du soleil ? » Bonhoeffer conservait, sauvegardait en lui-même les fleurs de son expérience de Dieu, et ainsi elles pouvaient s'épanouir jusque dans le désert stérile où sévissaient les brutes du nazisme. Il conservait en son cœur cette clarté du soleil, de telle sorte qu'il ne pouvait se sentir menacé par la froideur glaciale de ces êtres fermés.

L'ange de la sauvegarde ne veut pas t'amener, ami lecteur, à adopter une attitude conservatrice, à fuir le présent. Il souhaite bien plutôt t'inciter à préserver avec soin, comme un véritable trésor que tu peux sans cesse admirer, les expériences les plus précieuses que tu as faites. Cela donnera richesse et profondeur à ton existence. Tu pourras alors aussi faire face à des situations qui ne sont rien moins que riantes. Tu pourras aussi traverser des déserts sans y mourir de soif. Qui ne sait pas conserver, sauvegarder, a toujours besoin de nouvelles nourritures, de nouveaux réconforts, de nouvelles expériences pour tout simplement se sentir encore vivant. La faculté de sauvegarder maintient en vie même quand l'on est coupé du monde, dans les situations d'échec, de pétrification. Je souhaite que l'ange de la sauvegarde te rende capable de vivre intensément chaque instant qui passe. Ce qu'il veut, c'est te donner le pouvoir de ce personnage d'une histoire enfantine qui recueillait en son cœur les rayons du soleil et la couleur des fleurs pour en vivre pendant l'hiver.

5.

L'ange du départ

Un désir aussi profond qu'archaïque pousse l'être humain à se fixer quelque part, à s'y installer confortablement, une fois pour toutes, et à s'y sentir chez lui, à l'abri. Là où il se plaît, il aimerait planter sa tente pour y rester toujours. Mais il sait en même temps qu'il ne peut s'installer nulle part pour toujours en ce monde. Il est sans cesse obligé de se remettre en route. Les campements qu'il s'est aménagés pour pouvoir y bien vivre, il lui faut les lever afin de poursuivre sa route. Tout départ présuppose une rupture. Il faut rompre avec l'ordre ancien, les choses ne peuvent plus continuer comme avant. Impossible de rester indéfiniment là où je suis en ce moment.

Tant que nous sommes en chemin, nous sommes voués à lever sans cesse le camp pour partir vers de nouveaux horizons. Or tout départ fait d'abord peur, car l'ordre ancien, familier, doit être rompu. Et tandis que je romps, je ne sais pas encore ce qui va m'advenir. Cet inconnu suscite en moi un sentiment d'angoisse. En même temps, il y a dans le fait de partir, de se remettre en route, une promesse, la promesse du neuf, du jamais vu, du jamais vécu. Qui ne se remet pas constamment en route, sa vie se sclérose. Ce qui ne change pas vieillit et devient étouffant. Il y a en nous de nouvelles possibilités de vie, qui veulent se faire jour. Mais elles ne le peuvent que si les schémas anciens sont défaits.

Nous voulons nous établir là où quelque chose parle à notre cœur et le touche. Sur le mont Thabor, les disciples voudraient par-dessus tout construire trois tentes pour se fixer définitivement au lieu de l'expérience béatifique de la Transfiguration. Mais Jésus n'est pas d'accord. Dès l'instant suivant, la lumière du Thabor est voilée par un épais nuage. Les disciples ne peuvent empêcher que ce qu'ils ont vécu soit déjà du passé, ils sont obligés de se remettre en route vers la vallée. Là, ils regretteront la lumière de la montagne. Toute expérience religieuse profonde nous inciterait, fallacieusement, à nous installer pour toujours, à nous accrocher à quelque chose que nous ne pouvons retenir. On ne peut pas retenir Dieu. C'est surtout le Dieu de l'Exode, le Dieu du départ, qui nous exhorte à repartir encore et toujours. À Moïse, il dit : « Pourquoi cries-tu vers moi ? Dis aux Israélites de repartir » (Exode, 14, 15). Mais les Israélites ont peur de se remettre en route. En Égypte, certes, ils se sentent opprimés et asservis, mais ils se sont accommodés de la tutelle étrangère. Au moins, la marmite de viande était toujours pleine et le pain abondant (Exode, 16, 3). Ils voudraient bien émigrer, mais en même temps ils ont peur de se remettre en route. C'est cette ambivalence que nous ne cessons d'éprouver. Nous ne sommes pas satisfaits de ce que nous vivons dans l'instant présent, mais nous avons peur du départ, de la rupture avec nos habitudes, d'une révolution intérieure et extérieure. Pourtant, nous ne connaîtrons la vie que si nous sommes prêts à nous remettre sans cesse en route. Comme les Israélites, nous avons besoin d'un ange qui nous en donne le courage, qui lève son bâton et étende sa main sur la mer Rouge de notre angoisse, afin que nous puissions pénétrer et marcher en sûreté, en toute confiance, à travers les flots de notre vie.

Aujourd'hui, l'ange du départ a la tâche particulièrement difficile. Le climat fondamental de notre temps n'incite plus au départ, comme c'était le cas par exemple, de façon très marquée, pendant les années soixante, dans l'Église d'abord, avec le concile, puis dans la société, avec la contestation étudiante. Aujourd'hui, l'atmosphère générale tend plutôt au renoncement résigné, à l'apitoiement sur soi-même, à la dépressivité, à la plainte. On préfère déplorer que tout soit tellement difficile et que, c'est comme ça, on ne puisse rien faire.

C'est pourquoi nous avons tellement besoin, à ce jour, de l'ange du départ, de la remise en route ; besoin qu'il nous fasse don d'une espérance pour notre temps, qu'il nous aide à oser partir vers de nouveaux rivages, afin que puissent surgir et s'épanouir de nouvelles possibilités de vie en communauté, un nouveau rapport à la création, une imagination nouvelle en politique et en économie.

Mais il faut pour tout cela aussi que chacun rompe pour son propre compte avec les représentations arrêtées, les images figées. Rompre les barrages intérieurs, passer de la fermeture à la disponibilité, abandonner les vieilles habitudes et les avoirs anciens : c'est tout cela qui nous ouvre la possibilité de partir vers de nouveaux modes de vie, vers d'autres phases de notre existence.

Souvent tu hésiteras, ami lecteur, parce que tu ne sais pas où le chemin va te conduire. Peut-être qu'alors l'ange du départ se tiendra à tes côtés et te donnera le courage de le faire, ce chemin qui est le tien :

« Car où que nous allions,
Des anges y ont leur demeure. »

Emily Dickinson

6.

L'ange de la communauté

Nous vivons tous, d'une manière ou d'une autre, en communauté : la communauté de la famille, du village, de la ville, de l'Église. Quelle est alors la fonction de l'ange de la communauté ? Toujours, la communauté où nous vivons est menacée. Elle risque de se briser si la communication ne passe pas bien entre nous, si chacun ne pense qu'à lui-même et se retranche dans son préjugé. Le but de l'ange de la communauté, c'est de nous aider à connaître ce don qu'est une véritable communauté.

Il est instructif de jeter un regard sur notre histoire : dans le fait d'expérience que la communauté était possible entre juifs et païens, hommes et femmes, pauvres et riches, les premiers chrétiens voyaient une preuve que le royaume de Dieu était advenu. Par sa personne et par l'esprit qu'il nous a apporté, Jésus-Christ a établi un lien de communauté entre ces hommes tellement différents qu'étaient ses apôtres. C'est dans la communauté que les chrétiens des origines faisaient l'expérience de Dieu ; pour nous aussi, elle peut toujours rede-

venir le lieu de cette expérience. Celle-ci peut être
faite avec intensité dans une communauté réunie
pour le culte ou dans un groupe de prière. Les
participants sentent tout à coup qu'ils ne sont pas
seuls, que Dieu est parmi eux. Jésus lui-même nous
l'a promis : « Que deux ou trois, en effet, soient
réunis en mon nom, je suis là au milieu d'eux »
(Matthieu, 18, 20). Ou bien encore nous parlons
avec un ami, une amie, et tout à coup nous avons
un sentiment de plénitude, d'intensité tel que le
ciel s'ouvre au-dessus de nous et que notre cœur se
dilate. S'il survient alors un silence, ce n'est pas par
hasard que l'on dit : « un ange passe » ; c'est que
l'ange de la communauté donne à l'être-ensemble
une qualité nouvelle.

Mais nous connaissons aussi l'expérience inverse :
la communauté peut nous devenir pesante. Nous
nous efforçons alors de trouver ensemble un accom-
modement. Or nous n'y parvenons pas ; le contact
nous blesse, nous met à vif. À peine un conflit
est-il réglé que le suivant éclate. Nous nous sentons
impuissants à vivre l'idéal de la communauté tel
que nous l'avions au départ. Nous sommes déçus,
et nous nous croyons incapables de faire naître et
croître entre nous une vraie communauté vivante.
Pourtant, une telle expérience traumatisante peut
elle aussi devenir une occasion de rencontrer Dieu.
Elle peut nous renvoyer vers le lieu où nous sommes
vraiment chez nous : la communauté des anges. Là,
nous pouvons être tels que nous sommes. Là, personne ne nous harcèle de ses critiques, personne ne

projette sur nous ses propres problèmes. Nous avons besoin de l'ange de la communauté pour nous montrer, jusque dans les situations les plus inextricables, qu'il existe une communauté plus profonde encore, dans laquelle nous sommes plongés. Nous sentons alors que l'idéal que nous nous sommes fait d'une communauté chrétienne n'est pas réalisable par nos seules forces propres. Pour qu'il nous soit tout simplement possible de vivre dans cette communauté affligée de tant de conflits et d'intrigues, de tant de faiblesse et de fausseté humaines, il nous faut avoir en nous un fondement plus profond, situé au-delà de nous-mêmes. Aucune communauté ne pourra jamais apaiser notre désir nostalgique d'être chez nous, en sécurité. Ce désir nous renvoie à Dieu.

Le hassidisme nous rapporte les propos d'un rabbi, qui nous montrent que nous ne pouvons vivre notre propre vie que si nous sommes prêts à la partager avec d'autres : « Chaque être humain est appelé à porter en ce monde quelque chose à sa perfection. Le monde a besoin de chacun de nous. Mais il y a des êtres qui restent toujours enfermés dans leur chambre, n'en sortent jamais et n'apprennent pas à s'entretenir avec les autres. C'est pourquoi ils sont considérés comme des méchants. Car s'ils s'entretenaient avec les autres, ils mèneraient à sa perfection quelque chose de ce qui leur est assigné. Ce que cela signifie ? Ne sois pas méchant face à toi-même : ne reste pas seul avec toi-même, sans aller vers les autres. Ne sois pas méchant par solitude. » Il y a une bonne solitude, celle qui nous rend capables de communauté. Mais il y a aussi une mauvaise solitude, celle qui nous isole. Si nous nous y enfermons, nous n'apportons pas la contribution que la communauté des hommes attend de nous : qu'à la façon qui appartient en propre à chacun de nous, nous fécondions l'être-ensemble ; que de cette façon irremplaçable nous fassions apparaître en ce monde un peu de la plénitude divine.

Si tu vois dans la compagnie des humains la forme de communauté que Dieu se propose de t'accorder, alors tu peux en goûter la saveur. Alors tu seras toujours reconnaissant de te sentir accepté. Tu sais où est ta place. Tu peux y être tel que tu es. Tu n'as pas à te justifier, ni à faire toujours ce que l'on attend de toi. Tu peux te laisser aller parfois à ta faiblesse. Que nous puissions montrer aussi nos faiblesses, nos blessures, c'est là précisément la marque d'une communauté chrétienne. Henri Nouwen a dit un jour que tout ce que nous refusons de donner à la communauté enlève quelque chose à sa vie. Si nous lui refusons notre faiblesse parce que nous préférons la dissimuler, alors quelque chose d'important ne pourra pas s'y épanouir.

Être en communauté, cela signifie tout partager, nos forces et nos faiblesses. Pourtant il doit toujours rester un espace pour le secret personnel qui est le nôtre. Pour qu'une communauté puisse s'établir, il faut que chacun ait aussi la possibilité et le droit d'exister en soi et pour soi. Plus d'une communauté chrétienne exige trop de ses membres, attendant d'eux qu'ils lui donnent non seulement de l'argent, mais même toutes leurs pensées, tous leurs sentiments. Souvent alors c'est la frontière du totalitarisme qui est ainsi franchie. La communauté a besoin du souffle de l'espace et de la liberté. Entre la solitude et la communauté, il doit exister une saine tension. Si la communauté est érigée en absolu, elle devient irrespirable, faute d'espace. Elle ne sera féconde que si chacun peut y suivre le cheminement intérieur qui lui est propre, à lui seul. C'est elle alors qui nous invite à poursuivre ce cheminement. Elle nous révèle nos taches aveugles, afin que notre voie soit celle de la vérité. En suivant cette voie nous ferons de nouvelles découvertes, sur nous-mêmes et sur ceux qui nous entourent. Puisse l'ange de la communauté t'accorder et te renouveler sans cesse, ami lecteur, ce don qu'est l'expérience d'une telle vie commune, source de bonheur et défi à relever.

7.

L'ange de l'abandon
à la volonté divine

« Ne rien posséder, et tout avoir » : ainsi peut-on décrire l'attitude des sages, dans toutes les religions, à toutes les époques. Celui-là seul est vraiment libre qui n'attache son cœur à nul objet créé, qui peut abandonner tout ce qui a tant de prix pour les autres. Pour les mystiques allemands du Moyen Âge, la *Gelassenheit*, l'abandon serein de la volonté individuelle à la volonté divine, était une notion importante. Maître Eckhart, surtout, ne cesse d'en parler. C'est l'attitude de l'homme qui a abandonné son ego pour se remettre entre les mains de Dieu ; son cœur a trouvé la paix parce qu'il s'est laissé pour ainsi dire tomber dans l'abîme divin. En se libérant du moi, en se vidant de tous les soucis et de toutes les angoisses que lui cause son individualité, l'homme permet que Dieu naisse dans son cœur ; il peut reconnaître au tréfonds de lui-même sa véritable nature, le noyau inaltéré de sa personne. Cet abandon, attitude de liberté et de paix intérieures, saine prise de distance en face de tout ce qui afflue vers moi du dehors, menaçant de m'envahir et de prendre possession de moi, c'est plus qu'une simple disposition du caractère ; on peut s'y exercer. Pour y accéder, il faut renoncer à beaucoup de choses.

Ce qu'il faut abandonner, c'est d'abord le monde. Ainsi parlent les mystiques. Saint Antoine, le père de tous les moines, a commencé par renoncer à tous ses biens afin de se libérer pour vivre. L'homme doit abandonner son attachement à la propriété, au succès, à la reconnaissance par les autres. Car celui qui est attaché à quelque bien terrestre devient prisonnier de son attachement ; or une telle dépendance est contraire à la dignité humaine. Nous dépendons bien souvent de notre prospérité matérielle, de nos habitudes, d'autres êtres. Un Père des temps anciens nous explique par une image qu'il n'est de jouissance pour nous que par l'abandon des attachements : un enfant voit, dans une cruche de verre, quantité de noix. Il y plonge la main et s'efforce d'en retirer autant de noix qu'il peut, mais son poing fermé ne passe plus à travers le goulot de la cruche. Il faut d'abord relâcher les noix ; alors on peut les sortir une par une, et les manger.

L'abandon, ce n'est pas un tour de force ascétique que nous devrions nous extorquer à grand-peine. Il procède bien plutôt de notre profond désir de liberté intérieure, et de l'intuition que notre vie ne devient vraiment féconde que si nous sommes libérés de toute dépendance. Quand nous ne sommes plus dépendants de ce que les autres pensent et attendent de nous, de la faveur qu'ils nous accordent, de la valeur qu'ils nous reconnaissent, alors nous entrons en contact avec notre vérité profonde, avec notre Soi.

Mais l'abandon implique que je renonce aussi à moi-même. Je ne dois pas chercher à rien fixer de moi-même, ni mes soucis, ni mes peurs et mes angoisses, ni mes sentiments dépressifs. Bien des gens se crispent sur leurs blessures ; ils ne peuvent s'en défaire. Ils s'en servent pour accuser ceux qui les ont blessés. Or, ce faisant, ils s'interdisent en fin de compte à eux-mêmes de vivre. Il nous faut abandonner aussi les blessures, les offenses qui nous ont été faites. Nous avons besoin de l'ange de l'abandon dans la sérénité pour nous initier à l'art de renoncer à nous-mêmes et à notre passé, pour nous rendre capables d'une distance suffisante d'où, situés au-delà de nous-mêmes, nous puissions considérer notre vie dans une autre perspective. Qui s'est ainsi, en quelque sorte, laissé aller lui-même peut réagir avec sérénité à l'agitation véhiculée par les médias, répondre sereinement aux critiques et aux refus dont il fait l'objet ; il n'est pas pris de panique à la moindre objection. Il ne se sent pas menacé. Il n'a pas peur que quiconque mine le sol sous ses pieds, car il a pris du recul face à toutes les agitations extérieures et intérieures. Il se sait soutenu par l'ange de l'abandon, qui lui dit : « Il y a plus important que l'opinion que les autres ont de toi. Il y a plus important que le succès et que ton image. Abandonne-toi, et plonge en Dieu. Là, tu trouveras un sol résistant ; de là, tu pourras porter un regard serein sur tout ce qui afflue vers toi. »

Qui s'est abandonné peut réagir avec un serein détachement à de mauvaises nouvelles. Réagir ainsi n'équivaut pas à accueillir avec impassibilité l'annonce d'une mort. L'impassibilité est l'expression d'une discipline intérieure. Bien qu'il soit au fond de lui-même bouleversé, l'être impassible n'en laisse rien paraître au-dehors ; il se maîtrise lui-même et garde sa contenance. Le détachement serein est autre chose encore que la maîtrise de soi. Celui qui y est parvenu n'a pas à garder sa contenance, car il occupe une position différente ; il n'est pas atteint tout au fond de lui-même par les mauvaises nouvelles. Comme il a renoncé à lui-même et à l'idée que sa vie devrait suivre tel ou tel cours, rien ne peut aussi facilement le déstabiliser. L'ange de l'abandon l'aide à considérer à distance d'ange tous les messages qui lui parviennent. Cela lui donne liberté intérieure et largeur de vue.

Certains s'acharnent dans des discussions orageuses ; ils pensent devoir en conscience défendre la vérité. Dans de telles discussions, ami lecteur, l'ange de l'abandon te montrera que la vérité ne réside pas dans les mots justes et les bons arguments, mais se situe sur un autre plan. Est vrai ce qui est exact, conforme à la réalité. Ce que nous tenons pour la vérité absolue ne fait souvent qu'exprimer nos propres projections. Nous nous faisons des images de la vérité, des images de Dieu. En elle-même, la vérité est insaisissable ; on ne peut la définir. Qui a compris ce qu'est au fond la vérité s'engage avec sérénité dans la discussion, non pas parce qu'il baisserait les bras, puisque nous ne pouvons pas la connaître, la vérité, mais parce qu'il sait que la connaissance que nous en avons est toujours relative, qu'il peut toujours y avoir plusieurs points de vue sur elle et qu'elle pourrait bien se trouver quelque part entre les parties antagonistes.

À la pensée calculatrice et qui veut toujours avoir raison, le philosophe Martin Heidegger a opposé le détachement serein face aux choses et l'ouverture au mystère : « L'un et l'autre ne peuvent procéder que d'une pensée née du cœur. »

Je souhaite, ami lecteur, que l'ange de l'abandon dans la sérénité t'aide à ne pas concentrer toute ta pensée dans ta tête seule, et à écouter aussi ce que te dit ton cœur.

8.

L'ange de la passion

L'ange de la passion semble contredire celui de l'abandon, du détachement ; mais c'est qu'il nous faut un grand nombre d'anges pour faire s'épanouir en nous la vie. L'ange de la passion a pour fonction de nous inciter à vivre de toutes les forces de notre cœur, au lieu de végéter au ralenti, à l'économie. Quand un être humain n'est plus capable de grande passion, son existence devient ennuyeuse et fade, elle perd toute saveur. Cela n'est assurément pas conforme à l'esprit de Jésus, qui nous a engagés à être le sel de la terre, ceux qui donnent à ce monde un goût de vie intense. Les passions sont en l'homme des forces motrices naturelles destinées à le pousser vers la vie et, en fin de compte, vers Dieu. L'ange de la passion doit nous enseigner à gérer ces forces de telle façon qu'elles deviennent les ressorts de notre existence sans que nous soyons dominés par elles, que nous sachions les investir en direction du véritable but de notre vie. Nous ne devons pas devenir des êtres pulsionnels, qui se laissent simplement dériver sous la poussée, mais des êtres qui mettent les passions au service de la vie afin qu'elle se déploie dans toute sa diversité.

Celui qui est capable de s'engager quelque part avec passion est capable aussi de se battre avec passion pour la vie ; chez lui, la vie spirituelle aussi sera passionnée, ainsi que le montre une histoire rapportée par la tradition hassidique. Un *hassid* avait dénoncé au rabbi Wolf quelques personnes qui passaient leurs nuits comme leurs journées à jouer aux cartes. « C'est bien ainsi, dit le *tsaddiq*. Comme tous les humains, ils veulent eux aussi servir Dieu, mais ils ne savent pas comment. Or voici qu'ils apprennent à rester éveillés et à faire quelque chose avec persévérance. S'ils atteignent à la perfection dans ce qu'ils font, ils n'auront plus qu'à se tourner vers Dieu – et quels serviteurs ne deviendront-ils pas alors pour lui ! »

Les premiers moines ont beaucoup réfléchi sur les passions. L'ermite Évagre le Pontique (346-399) en dénombre neuf avec lesquelles un moine doit lutter. Pour lui, les passions sont des forces positives. Il faut non pas s'en défaire, mais les intégrer à la vie ; elles doivent être à notre service, et non pas nous au leur. L'*apatheia*, but de la lutte avec les passions, ne signifie pas un état qui en serait dépourvu, mais la liberté conquise sur l'assujettissement pathologique aux passions, leur intégration à tout ce que l'homme pense et fait ; alors, elles ne nous dominent plus, mais sont autant de forces à notre disposition, de « vertus » au sens latin et italien, propres à stimuler la vie.

En elles-mêmes, les passions sont amorales. Elles peuvent devenir bonnes ou mauvaises selon le rapport que l'on entretient avec elles. La colère est une force positive qui vise à me rendre capable de délimiter mon territoire, de me libérer du pouvoir des autres. Mais elle peut aussi me dévorer, si je me laisse emporter par elle. La sexualité peut m'apporter de la vie, mais elle peut aussi m'envahir tout entier. On n'accède à la vie ni en réprimant les passions ni en leur laissant libre cours, mais en établissant avec elles un rapport contrôlé par la conscience. Celui qui vit sans passions est privé de mordant, de force, de la plénitude de la vie. Bien des chrétiens, à force de se vouloir irréprochables, ont tué leurs passions. Ils sont ainsi devenus ennuyeux ; ils ne sont plus le sel de la terre, le condiment qui donne à notre monde sa saveur ; ils sont insipides et n'intéressent plus personne. C'est avec passion que Jésus s'est engagé pour les pauvres, les sans-droits ; avec passion qu'il a parlé du Père miséricordieux ; avec passion qu'il a engagé le combat contre la dureté de cœur de ceux qui obscurcissent l'image de Dieu.

Le mot allemand *Leidenschaft*, la passion, vient de *leiden*, souffrir, qui avait eu d'abord le sens de « voyager » : qui voyage s'expose à souffrir – de là le sens moderne –, mais amasse aussi de l'expérience. Le mot français « passion » vient du latin *patior* : souffrir, endurer, connaître des épreuves. La passion a donc partie liée avec l'expérience et l'épreuve. Qui s'en prive appauvrit son expérience ; qui s'y engage fera l'expérience du nouveau, de l'inattendu. Mais de même que le voyage, la fréquentation des passions peut être difficile et pénible. Il s'agit toujours de suivre un chemin de crête. En outre, une passion peut prendre d'autant plus de force qu'elle nous fait plus de bien ; mais alors, elle nous détermine, elle n'est plus une force avec laquelle nous abordons la vie. Puisse l'ange de la passion t'accompagner, ami lecteur, sur la crête où tu chemines, afin que tu deviennes un être de passion dans le meilleur sens : celui qui s'engage passionnément dans la relation aux autres, qui combat passionnément pour qu'une vie commune meilleure et plus humaine devienne possible sur cette terre.

9.

L'ange de la sincérité

La sincérité, c'est la vertu que nous reconnaissons à l'être droit, en harmonie avec lui-même. De Nathanaël qui vient vers lui, Jésus dit : « Voici vraiment un Israélite sans détour » (Jean, 1, 47). Il ne vit pas en calculant, mais selon sa vérité intérieure. Il est exempt d'intrigue, de diplomatie, de réflexions sur la meilleure façon de se vendre aux autres. Il vit en accord avec lui-même, dans son authenticité ; il dit ce qu'il pense, il agit selon son cœur. Avec un tel être, on sait toujours où l'on en est. Il ne cache ni ses pensées ni ses sentiments. Il n'a pas peur d'être connu tel qu'il est ; il se donne pour ce qu'il est, parce qu'il assume tout ce qu'il y a en lui. Il ne cache rien, parce qu'il n'a rien à cacher, parce que tout en lui a le droit d'être.

L'être sincère est aussi toujours libre ; car seule la vérité peut faire que nous le soyons. Bien des gens aujourd'hui quittent la voie de leur vérité ; ils ont peur d'affronter la réalité de leur cœur. Quand il leur arrive d'être seuls en face d'eux-mêmes, ils sont carrément saisis de panique : il se pourrait que surgisse alors en eux quelque chose de désagréable. Il leur faut être sans cesse occupés, toujours sous pression, tout simplement pour éviter de rencontrer leur vérité. Ce qui peut leur arriver de pire, c'est un instant où il ne se passe rien, et où cette vérité pourrait se faire jour. À celui qui élude sa propre vérité, il faut beaucoup d'énergie pour la cacher aux autres. Il ne cesse de se poser des questions sur ce que les autres peuvent bien penser de lui. Par exemple, il se casse la tête à se demander ce qu'il doit dire pour être bien perçu, pour que personne ne se fasse des idées sur sa structure psychique, sur ses pulsions refoulées, sur ses complexes ; il pèse et repèse anxieusement chacun de ses mots, qui pourraient trahir un complexe névrotique ou l'ombre qu'il refoule.

En grec, la vérité se dit *alêtheia*, ce qui signifie l'être non dissimulé. Le voile est ôté, et nous voyons l'être dans sa réalité authentique. Qui vit selon son authenticité ne dissimule rien, il manifeste la vérité de son être. L'ange de la sincérité a pour fonction de nous ouvrir sans cesse les yeux sur ce que nous sommes vraiment ; il ôte tous les voiles, et il nous enlève les lunettes à travers lesquelles nous voyons toutes choses. Peut-être as-tu, ami lecteur, une paire de lunettes noires qui fausse toute ta vision : tu ne vois qu'en négatif. Ou bien alors tu portes des lunettes roses ; tu ne veux pas voir les êtres avec leurs problèmes, tu te racontes des histoires afin de pouvoir vivre plus confortablement. L'ange de la sincérité, lui, t'enlève toutes les lunettes qui te dissimulent la réalité ; il te montre celle-ci telle qu'elle est vraiment. « Quand Dieu envoie Son ange à l'âme, alors elle accède à la vraie connaissance », écrit Maître Eckhart.

Un être sincère, authentique, nous oblige à affronter la vérité de notre cœur. Auprès de lui, nous ne pouvons pas nous dissimuler. Mais aussi bien n'avons-nous plus besoin de le faire ; nous trouvons le courage de montrer notre vérité telle qu'elle est. Quand Jésus avait parlé, les esprits impurs et les pensées troubles qui tourmentaient les hommes et les souillaient de leurs poisons ne pouvaient plus se cacher. La parole de Jésus les forçait à venir au jour, ainsi que nous le montre l'Évangile de Marc. La première fois que Jésus prêche à la synagogue, l'esprit impur qui habite un homme se met à crier. Il sent qu'il ne peut plus se cacher derrière des propos ironiques et critiques, mais doit affronter la vérité. Et cela signifie pour lui sortir de cet homme et lui rendre sa liberté (cf. Marc, 1, 23). La sincérité, l'authenticité de Jésus délivrent les hommes des esprits impurs qui dissimulent et falsifient la vérité ; ainsi, ces hommes accèdent eux-mêmes à l'authenticité.

Je souhaite, ami lecteur, que t'accompagne l'ange de la sincérité, afin que tu puisses être tel que tu es au plus profond de toi-même, et que tu puisses libérer et conduire à la vérité les autres autour de toi. La vérité, cela veut dire aussi l'accord entre la connaissance et son objet, entre les choses et la raison. Je te souhaite de coïncider exactement avec toi-même et avec la réalité de ton existence.

10.

L'ange de la reconnaissance

La reconnaissance est aujourd'hui devenue chose rare. Les humains ont des exigences énormes ; ils ont sans cesse l'impression de ne pas recevoir leur dû. C'est pourquoi ils ont de plus en plus de besoins. Ils sont devenus insatiables, et de ce fait incapables de jouir de quoi que ce soit. L'écrivain Pascal Bruckner décrit l'homme d'aujourd'hui comme un bébé devenu grand, qui émet envers la société des revendications démesurées et ne reçoit jamais assez d'elle ; et quand il ne va pas bien, c'est toujours la faute des autres, car ils ne lui donnent pas ce dont il a un besoin absolu pour vivre.

L'ange de la reconnaissance veut donner à notre vie un goût nouveau. Il souhaite nous apprendre à tout voir avec d'autres yeux : ceux de la gratitude. On peut voir alors, d'un œil reconnaissant, le matin poindre et le soleil se lever ; se sentir reconnaissant parce que l'on se lève en bonne santé, parce que l'on respire à pleins poumons ; reconnaissant pour tous les dons de la nature que l'on goûte au petit déjeuner. On vit d'une vie plus consciente, le cœur dilaté et réjoui. On n'est plus obnubilé par des choses irritantes ; on ne commence plus sa journée en ronchonnant contre le sale temps qu'il fait ; on ne se sent plus atteint parce que le lait a débordé. Il y a en effet des gens qui se gâchent eux-mêmes la vie en ne voyant que le négatif ; et plus ils voient le négatif, plus ils se sentent confirmés dans leur attitude. Par leur vision pessimiste, ils attirent carrément sur eux de petites catastrophes.

Dans « reconnaissance », il y a « connaître ». L'ange de la reconnaissance veut nous enseigner la connaissance juste et consciente des choses. Si l'on se met à penser correctement, on peut reconnaître la valeur de tout ce que l'on a reçu dans la vie : être reconnaissant envers les parents qui nous l'ont donnée, et cela en raison non seulement des bonnes racines dont nous leur sommes redevables, mais même des blessures que nous avons reçues d'eux. Car elles aussi, ces blessures ont contribué à faire de nous ce que nous sommes ; sans elles, nous serions peut-être comblés, et donc devenus insensibles. Nous ne verrions pas l'autre à côté de nous, dans sa détresse. L'ange de la reconnaissance souhaite nous ouvrir les yeux sur le fait que, tout au long de notre vie, un ange de Dieu nous a accompagnés, un ange gardien qui nous a préservés de plus d'un malheur et qui a fait de nos blessures mêmes un précieux trésor.

L'ange de la reconnaissance nous fait don d'une vision neuve qui nous permet de percevoir en toute conscience les beautés de la création et d'en jouir avec gratitude : la beauté des prairies et des forêts, des montagnes et des vallées, de la mer, des lacs, des rivières. Nous savons alors admirer la grâce d'une gazelle, d'un chevreuil. Nous ne passons plus à travers le monde dans l'inconscience, mais comme des êtres pensants et reconnaissants. Nous nous sentons, dans la création, au contact d'un Dieu aimant qui veut nous montrer avec quelle prodigalité il prend soin de nous.

Celui qui porte sur sa vie le regard de la gratitude sera d'accord avec ce qui lui est arrivé. Il cessera de se révolter contre lui-même et contre sa destinée. Il reconnaîtra que, chaque jour, un ange intervient à nouveau dans sa vie pour le protéger du malheur et lui manifester la proximité d'un amour qui guérit. Essaie, ami lecteur, de traverser la semaine qui vient en compagnie de cet ange ; tu verras tout t'apparaître sous un autre jour, et ta vie prendre un goût nouveau.

Tu peux aussi le prier, cet ange, de t'enseigner la gratitude envers les êtres avec lesquels tu vis. Souvent, si nous prions pour ceux auxquels nous tenons le plus, c'est seulement quand nous voudrions qu'ils changent ou que Dieu leur vienne en aide, les console, les guérisse. Parfois, notre prière pour les autres est plutôt en réalité une prière contre eux. Nous voudrions bien qu'ils deviennent tels que nous souhaitons qu'ils soient. Si nous sommes reconnaissants du seul fait qu'un autre est là, cela signifie que nous l'acceptons sans condition. Il n'est pas nécessaire qu'il change ; tel qu'il est, il a toute sa valeur. Quand nous éprouvons une telle reconnaissance, souvent celui qui nous l'inspire s'en rend compte ; il éprouve en effet cette gratitude comme une acceptation intégrale. Un prêtre américain rapporte l'histoire de deux époux qui ont prié, des années durant, pour que le père alcoolique de la femme soit enfin délivré de l'alcool ; ils ont demandé aussi l'intercession de nombreux groupes de prière – le tout en vain. Il leur fallut d'abord trouver le courage de remercier ce père d'être là, tel qu'il était, pour lui permettre de guérir. Ne sentant plus peser sur lui la requête inconsciente mais impérative du changement, il put changer. Se sentant accepté sans condition, il n'eut plus besoin de l'alcool. Prie donc, ami lecteur, l'ange de la reconnaissance d'opérer ce miracle : que des êtres se sentent aimés sans réserve du fait de ta gratitude, et que cet amour les guérisse.

11.

L'ange du renoncement

L'ange du renoncement n'a pas la tâche facile de nos jours. Bien des gens en effet associent le mot de renoncement à une morne ascèse. Et pourtant, Dieu veut que nous ayons la vie dans toute sa plénitude. Pourquoi donc renoncer ? Ne s'agit-il pas aujourd'hui de consommer le plus possible, de s'accorder le plus d'agréments et de jouissances possible ? Nous avons bien sûr quantité d'exemples de gens qui, à force de renoncements, sont devenus insupportables. Mais est-il absolument inévitable que le renoncement entraîne une attitude d'hostilité à la vie ? Renoncer, cela veut dire, en fait, cesser de revendiquer quelque chose qui en principe me revient. Le but en est d'accéder à la liberté intérieure. Celui qui veut avoir tout ce qu'il aperçoit vit dans un état de dépendance totale, il est déterminé du dehors, privé de liberté.

Le renoncement, c'est l'expression de la liberté intérieure. Si je sais renoncer à quelque chose qui me fait normalement plaisir, je suis libre. Le renoncement peut être un entraînement à la liberté. Si par exemple je renonce pendant le carême à l'alcool et à la viande, je m'y entraîne. J'essaie, pour voir si j'arrive à passer six semaines sans boissons alcoolisées, sans viande, sans tabac, sans télévision, voire sans café. Si je réussis, je me sens bien ; j'ai le sentiment de n'être pas simplement l'esclave de mes habitudes, que je n'ai pas un besoin absolu de ces stimulants : je me sens libre. Or notre dignité d'hommes implique la liberté. Si, étant fatigué, j'ai l'impression d'avoir besoin de café, maintenant, tout de suite, c'est que je tombe dans la dépendance, et, en fin de compte, cela m'irrite : je perds ma dignité d'être capable de disposer de moi-même, ce sont plutôt mes besoins subjectifs qui disposent de moi.

À l'occasion d'une émission télévisée sur le thème « Renoncer au plaisir, ou se l'accorder, ou les deux ? », j'ai été interrogé sur ce point, en ma qualité de moine, en même temps qu'un spécialiste de la question et qu'une sexologue. Tous les trois, nous nous sommes trouvés d'accord pour estimer qu'il n'y avait pas de plaisir sans renoncement. Celui qui veut seulement le plaisir ne l'obtiendra pas. Je peux déguster sans problème une part, deux parts de tarte ; mais à la quatrième, au plus tard, il ne s'agit plus de plaisir, je ne fais plus que m'enfourner la tarte. Bien des gens aujourd'hui sont devenus incapables d'éprouver du plaisir parce qu'ils ne savent plus renoncer. Autrefois, c'était plutôt l'inverse. Bien des chrétiens se sont systématiquement privés de plaisir en menant une vie ascétique à l'excès ; pour eux, le plaisir était en soi déjà quelque chose de suspect. Ce point de vue était tout aussi étroit que celui qui consiste aujourd'hui à vouloir tout avoir. L'avidité empêche le plaisir. Je te souhaite, ami lecteur, d'être conduit par l'ange du renoncement à la liberté intérieure ; qu'il te rende capable de goûter vraiment ce qu'il t'est donné de vivre, d'être tout entier à ce que tu es en train de faire, de sentir pleinement le goût de ce que tu manges, de ce que tu bois. Tu sentiras que cet ange est aussi celui du plaisir et de la joie, et qu'il te fera du bien. En renonçant à ce qui te revient tout à fait normalement : manger, boire, regarder la télévision, par exemple, c'est toi-même que tu gagnes ; c'est ta vie que tu prends en main. Puisse cet ange t'initier à l'art de vivre par toi-même, de disposer librement de toi-même et de prendre ainsi plaisir à ta vie.

12.

L'ange du risque

Bien des gens pensent aujourd'hui qu'il importe avant tout de ne pas attirer sur eux l'attention, de ne pas commettre d'erreurs. Ainsi, l'on ne risque pas de compromettre sa carrière ; ainsi, l'on échappe à la critique du groupe ; on n'est pas contraint à quitter son poste, et l'on réussit sa vie. Or cette attitude de recul devant le risque, en réalité, elle empêche de vivre. Celui qui veut éviter absolument toute erreur, toute faute, qui n'ose rien et ne prend aucun risque, celui-là fait tout de travers. Et c'est ainsi que rien de neuf ne peut survenir. Aussi bien en économie qu'en politique, dans l'Église que dans la société, personne ne veut plus prendre de risque, s'exposer à être attaqué. Si l'on prend un risque, les choses peuvent mal tourner, et ce serait alors la catastrophe. On serait arraché à son mol oreiller, et obligé d'assumer publiquement ce que l'on est et ce que l'on a fait. Beaucoup de gens ont peur de ne pas y survivre. Ils sont tellement obsédés par la reconnaissance de leur valeur et par l'approbation des autres qu'ils ne se fient plus à leur propre flair et ne prennent plus aucun risque.

La psychologie nous enseigne que ce manque de courage face au risque est lié à la carence paternelle qui caractérise notre société. Normalement, le père, c'est celui qui nous donne une colonne vertébrale, nous donne le courage d'oser. Quand cette expérience positive du père fait défaut, on a besoin d'un subsitut de colonne vertébrale ; on se retranche alors derrière l'idéologie, la norme établie ; on cherche la sécurité. Pas d'expériences hasardeuses ; tout doit rester en l'état. On ne se permet pas d'avoir des idées neuves, et moins encore de poser des actes neufs ; le succès du neuf n'est pas garanti, et l'on s'en abstient donc. Notre temps est marqué par le manque d'imagination et d'audace, de courage face au risque. Bien des gens revendiquent le droit à une existence exempte de dangers ; il leur faut se prémunir contre tous les risques, afin que rien ne leur arrive. Mais plus on assure sa sécurité, plus on s'insécurise, pour en arriver enfin à ne plus se croire capable de rien du tout. Sécurité en toutes choses ; s'il n'y en a pas assez, on ne s'avance pas. Or cela mène au blocage, à la sclérose toujours aggravés, ainsi que le montre avec assez de clarté la situation économique et politique actuelle. De cette impasse, nous ne sortirons que si nous osons agir, fût-ce au prix de l'erreur.

Je souhaite, ami lecteur, que l'ange du risque te donne le courage de prendre le risque de vivre, de t'engager et d'engager ceux qui t'entourent sur des chemins nouveaux. Qu'il fortifie ton épine dorsale ; qu'il couvre tes arrières, afin que tu te sentes libre de t'avancer et de faire confiance à tes initiatives sans te croire obligé de t'assurer de tous les côtés à la fois. Le monde te sera reconnaissant d'oser du nouveau, et de ne pas lui demander toujours d'abord la permission de passer de l'idée à l'acte. Car l'ancien ne vaut plus grand-chose, nous en faisons l'expérience jour après jour. Or nul ne se risque à frayer des voies nouvelles pour résoudre le problème du chômage ; on préfère se barricader derrière des lieux communs, ou renvoyer la faute à autrui. Chacun attend que l'autre fasse un faux pas ; alors, on pourra le critiquer ; mais nul ne risque le premier pas. C'est ainsi que l'on ne pourra jamais avancer. On est à l'affût de l'erreur à trouver chez l'autre, au lieu de la risquer soi-même. Que l'ange du risque te donne, ami lecteur, la force et la liberté de consentir même à l'erreur possible, pour frayer des chemins nouveaux. Pour que la nouveauté naisse par toi en ce monde, pour que les autres découvrent grâce à toi d'autres possibilités, il faut que tu lui fasses confiance, à cet ange.

13.

L'ange de la confiance
en l'avenir

En un temps où pullulent les prophètes, et surtout les prophètes de malheur, tous annonciateurs d'un avenir apocalyptique, nous avons grand besoin de l'ange de la confiance. Annoncer la fin du monde est pour l'instant une activité très en vogue. Bien entendu, nul ne peut garantir que notre monde va rester longtemps encore en équilibre, et survivre aux folies de l'humanité. Mais ce penchant à prophétiser la catastrophe en dit plus long sur la psychologie de ces prophètes autoproclamés que sur la réalité du monde. Vivant eux-mêmes leur vie comme une catastrophe et nourrissant le souhait inconscient que cette existence gâchée se termine au plus tôt, ils projettent leur propre situation sur le monde, dont ils attendent la fin – le plus tôt sera le mieux. La destructivité qui les habite s'exprime à travers les couleurs infernales dont ils parent cette issue. Comme la peur de l'avenir est aujourd'hui fort répandue, les faux prophètes de cette espèce touchent un point sensible de l'âme humaine, et parviennent à exercer un pouvoir sur bien des gens.

L'ange de la confiance nous fait don de la foi en l'avenir, d'un regard assuré sur lui. Nous suivons du regard tout ce qui arrive ; nous regardons Dieu guider toutes choses et envoyer Ses anges pour que ce monde ne soit pas tout simplement abandonné au malheur, mais que les choses prennent une meilleure tournure. Si je possède cette confiance, je ne me laisse pas ébranler par les pronostics pessimistes. Je ne chausse pas non plus des lunettes roses pour éviter de voir la réalité telle qu'elle est ; je ne me fais pas d'illusions sur l'état du monde ; je le vois tel qu'il est sans désespérer, car je sais qu'il est entre les mains de Dieu et de Ses anges, et que ce ne sont pas les hommes qui exercent sur lui l'ultime pouvoir. Un tel regard confiant voit au-delà de la simple réalité présente, au-delà des problèmes que les manchettes des journaux choisissent de mettre en relief. Au-delà des données purement extérieures, il voit la réalité en son tréfonds ; il voit les anges qui nous accompagnent à travers le monde et étendent leur main tutélaire au-dessus de celui-ci.

L'ange de la confiance s'est depuis toujours tenu aux côtés de quiconque récitait les Psaumes. Ainsi prie par exemple David : « Il campe, l'ange de Yahvé, autour de ses fidèles, et il les dégage » (Ps. 34 [33], 8). Et dans le Psaume 91 (90), nous lisons : « Il a pour toi donné ordre à ses anges de te garder en toutes tes voies. Sur leurs mains ils te porteront pour qu'à la pierre ton pied ne heurte » (11-12).

La poétesse Marie Luise Kaschnitz, auteur d'un

Pont des anges, raconte une histoire qui illustre cette confiance. C'est celle du propriétaire d'un bateau, nommé Giovanni di Mata. Cet homme a donné tout son argent à des pirates pour racheter des prisonniers. Lorsqu'il veut reprendre la mer avec ceux qu'il a ainsi libérés, les pirates lui réclament encore plus d'argent ; et comme il ne peut satisfaire leurs exigences, ils lui brisent mât et gouvernail, lui déchirent les voiles. En dépit de tout, Giovanni di Mata donne le signal du départ. À la grande surprise des pirates, le bateau se met alors lentement en mouvement, sans mât, sans gouvernail et sans voiles, et atteint la pleine mer.

À celui qui croit en l'avenir, il est ainsi donné de savoir qu'un ange nous enveloppe de sa protection, qu'il nous porte sur ses mains, et que nous pourrions affronter lions et vipères, parce qu'il veille à ce que rien de mal ne puisse nous arriver. Un tel être ne va pas en aveugle à travers le monde. Il perçoit parfaitement les dangers qui le guettent, mais il se sait accompagné, porté, protégé, et l'ange qui veille sur lui le délivre de toutes ses craintes.

14.

L'ange de la solitude

Bien des gens aujourd'hui ont peur quand ils sont seuls. Dans la solitude, ils se perdent eux-mêmes. Ils ont besoin d'avoir toujours d'autres humains autour d'eux pour simplement se sentir vivre. Pourtant la solitude peut être aussi une bénédiction. Sans solitude, on ne peut avoir de véritable relation avec Dieu, ni se connaître soi-même en toute honnêteté. On confond souvent la solitude avec l'isolement et l'abandon. Or tout cheminement spirituel passe nécessairement par l'expérience de la solitude ; tous les grands fondateurs de religions ont fait cette expérience de la retraite. Lui aussi, Jésus a suivi ce chemin, lorsqu'il a jeûné pendant quarante jours au désert. Il s'est alors confronté à sa propre vérité, et il a trouvé ainsi un nouvel accès à son Père.

Je souhaite, ami lecteur, que l'ange de la solitude te mène vers une solitude féconde, celle où tu te connaîtras tel que tu es vraiment, dans ta nudité ; où tu ne peux pas te rendre intéressant pour les autres. Si tu trouves le courage d'être seul, tu pourras aussi découvrir combien il est agréable de n'être pas toujours obligé de faire preuve de ceci ou de cela, de donner des explications, de se justifier. Ce peut être l'occasion de te sentir coïncider tout à fait avec toi-même, et c'est là le premier sens de la solitude. Cette nostalgie de l'unité, les Grecs la connaissaient déjà ; ils se sentaient écartelés entre une pluralité de besoins et de désirs. Nous avons retrouvé aujourd'hui le sens de cette aspiration à l'unité, car nous aussi, dans la dispersion de notre existence, nous nous éprouvons comme sans cesse tiraillés entre les sollicitations extérieures et les tendances intérieures les plus diverses. Dans cette multiplicité que je découvre en moi-même, comment trouver le chemin de mon unité, le lien susceptible de l'assurer ?

Mais l'unité dans la solitude comporte un autre sens encore. Elle signifie l'unité avec tous les êtres et toutes les choses, le sentiment de la solidarité qui nous relie en profondeur à tous nos frères humains. Plus j'assume ma propre solitude, plus profondément je me sens lié à ceux qui m'entourent. Cela, les premiers moines en ont fait l'expérience, eux qui s'en étaient allés en toute conscience dans la solitude : ils s'étaient éloignés des hommes afin de s'unir à eux plus profondément. C'est ce que dit Évagre le Pontique, le plus important sans doute parmi ceux des moines de ce temps très ancien qui nous ont laissé des écrits : « Un moine, c'est un homme qui a pris congé de tout et pourtant se sent relié à tout. Un moine se sent un avec tous les hommes, car en tout homme il se trouve toujours lui-même. » Dans la solitude, je découvre le fond de mon être propre, et là, un lien très profond m'unit aux autres hommes ; je sens que rien d'humain ne m'est étranger.

Un troisième sens de l'unité dans la solitude concerne le Tout. Nietzsche l'a formulé ainsi : « Qui connaît l'ultime solitude connaît les choses ultimes. » Dans la solitude, je me sens devenir un avec toutes choses, avec les choses ultimes, avec l'insondable fond de tout l'être. Or cette expérience-là fait partie de la nature même de l'homme. Ce n'est donc pas à la légère si Dostoïevski dit que « pour un homme normal, la solitude temporaire est plus nécessaire que le manger et le boire ». Dans la solitude, je sens ce qui constitue véritablement ma nature en tant qu'homme : être partie prenante de toutes choses, de la création entière, et finalement de celui qui est tout en toutes choses. Si l'ange de la solitude t'initie à cette expérience fondamentale de ton humanité, ami lecteur, alors toute peur d'être seul et abandonné s'évanouira en toi ; car tu sentiras que là où tu es seul, tu es un avec toutes choses. Tu apprendras qu'être seul ne signifie pas être isolé, mais être chez toi, au pays de ton origine. On ne peut être chez soi que là où réside le mystère. Là où l'ange t'initie au mystère ultime qui règne sur notre monde, tu n'es jamais seul, tu es vraiment chez toi. Ce mystère qui englobe tout te fait don d'une patrie que nul ne pourra plus jamais te ravir.

15.

L'ange de l'amour sororal

La bible parle sans cesse de la *philadelphia*, de l'amour pour les frères et les sœurs. Les premiers chrétiens eurent le privilège et le bonheur de faire cette expérience : non seulement éprouver comme leurs frères et leurs sœurs ceux et celles qui l'étaient selon la chair, mais encore voir la communauté tout entière soudain faite de frères et de sœurs. Puisse l'ange de la fraternité entre les hommes et les femmes te montrer, ami lecteur, combien tu auras de frères et de sœurs si tu t'approches d'eux et d'elles dans un esprit de fraternité.

L'expérience fondamentale de ces premiers chrétiens fut donc de constater que tous les membres de leur communauté étaient devenus leurs frères et leurs sœurs. La raison en était qu'ils avaient tous le même Père. Parce qu'il nous est donné de pouvoir prier ensemble notre Père qui est aux cieux, nous sommes tous frères et sœurs devant ce Père et sous son regard. Jésus nomme « frère et sœur » quiconque accomplit la volonté de Dieu (Marc, 3, 35). Si nous cherchons à nous rapprocher de cet exemple, en nous rassemblant autour de Jésus-Christ et en étant prêts, comme lui, à faire la volonté du Père, alors nous sommes les frères et les sœurs du Christ, alors naît une nouvelle famille, dans laquelle tous ont des droits égaux. Jésus interdit à ses disciples de se nommer « rabbi » : « ... car vous n'avez qu'un Maître, et tous vous êtes des frères » (Matthieu, 23, 8). L'ange de la fraternité doit nous montrer que nous sommes tous égaux en droits, que nul ne doit se placer au-dessus des autres. Que de fois nous mettons-nous au-dessus des autres, non seulement par notre position dans la société, mais surtout par préjugé ! Nous nous sentons meilleurs que les autres, et c'est pourquoi nous nous élevons au-dessus d'eux. Notre attention est fixée sur leurs côtés négatifs, et nous ne remarquons pas du tout que nous projetons sur eux nos propres faiblesses. Ce mécanisme de la projection, qui nous permet de nous élever au-dessus des autres, est fort répandu. C'est un moyen pour nous de les tenir à distance, et de nous éviter de regarder en face la vérité qui est la nôtre. Qui reconnaît sa propre vérité cesse de chercher chez autrui les fautes qui sont les siennes. Il devient vraiment le frère, ou la sœur, de tout être humain, car en chacun il se reconnaît lui-même.

Avoir une sœur, c'est autre chose encore que d'avoir un frère. J'ai la chance d'avoir, dans ma propre famille, trois sœurs et trois frères. Il y a la sœur aînée, qui au temps de l'enfance a souvent occupé, en quelque sorte par procuration, la place de la mère. L'ange de la relation sororale veille maternellement sur nous ; il ne s'agit pas là de la Grande Mère dévorante, mais d'une sœur dont la sollicitude nous fait du bien. Elle n'est pas au-dessus de nous, mais à côté de nous. Elle est pleine de tendresse et de compréhension. Elle satisfait les besoins qu'une mère ne peut seule suffire à combler. Et puis il y a les sœurs du même âge, qui nous accompagnent sur notre chemin. Avec les frères, nous traversons toutes les vicissitudes de l'existence. Avec les sœurs, nous avons des conversations approfondies ; on touche là en soi-même des cordes qui n'entrent pas en résonance dans la relation avec les frères. Et il y a les sœurs plus jeunes, auxquelles nous donnons souvent, et ce n'est pas par hasard, des noms d'« ange ». L'ange de la relation sororale nous met en contact avec notre *anima*, c'est-à-dire avec notre nature émotionnelle et notre spiritualité. Depuis toujours, les anges entretiennent une relation de fraternité avec notre âme. Le pasteur Helmut Hark, qui est aussi thérapeute, parle de la relation amoureuse, érotique, entre notre âme et l'ange qui est notre accompagnateur spirituel. Si, dans un livre d'art, nous regardons les anges, nous découvrons souvent en eux un rayonnement érotique. Ils font vibrer en notre âme quelque chose qui, autrement, ne prend vie que par l'existence d'un être aimé. Le pouvoir érotique des anges exerce sur nous une action curative.

L'expérience faite au contact d'une sœur peut nous mettre en relation avec notre ange intérieur. La sœur elle-même peut devenir un ange qui fait vibrer en nous les cordes les plus délicates de l'âme, qui anime en nous les énergies spirituelles et guérit notre cœur déchiré. Aussi te souhaité-je, ami lecteur, de rencontrer beaucoup d'anges de la relation sororale. Je souhaite aussi qu'il te soit donné, amie lectrice, de devenir toi-même pour d'autres un ange sororal, source de vie, incitation à vivre.

16.

L'ange de l'abandon à la vie

S'abandonner, se laisser aller : l'expression évoque d'abord une grande passivité, un renoncement résigné. Celui qui ne parvient pas à donner activement forme à sa vie, à la prendre en main, s'abandonne tout simplement à sa destinée ; il renonce à lui-même. Or ce n'est assurément pas à une telle attitude que veut nous inciter l'ange de cet abandon-là ; il a autre chose en vue. Ici, s'abandonner signifie d'abord s'engager. Qui s'en remet à la vie se plonge dans la vie et dans son mouvement. Il ne se tient pas en retrait. Il ne se cramponne pas convulsivement à lui-même, mais s'abandonne au flux de la vie. Ainsi, quelque chose en lui peut s'épanouir et devenir vivant.

S'abandonner, c'est le contraire de se retenir. Bien des gens se cramponnent à l'image d'eux-mêmes ; d'autres à leurs habitudes, ou à leurs possessions, à leur réputation, à leur succès. L'ange de l'abandon à la vie veut nous initier à l'art de nous déprendre de nous-mêmes, de nous en remettre à la vie, et finalement à Dieu. Je ne peux y parvenir que si j'ai l'assurance de ne pas me livrer à l'arbitraire, mais à un ange qui me veut du bien. Qui s'en remet à son ange est libéré des soucis superflus par lesquels tant de gens aujourd'hui se laissent martyriser. Il cesse d'être obsédé par lui-même et par sa santé, par ses succès, par le souci d'être reconnu. Dans cette attitude d'abandon il n'y a pas seulement de la confiance, mais aussi une grande liberté intérieure. Si je ne me sens pas obligé de tout faire par moi-même, si je m'en remets tout simplement à Dieu, assuré qu'Il prendra soin de moi, alors je suis libéré de toute relation crispée au moi.

L'ange de l'abandon à la vie veut aussi nous enseigner la confiance qui nous permet de nous en remettre à un autre être. Si tant d'amitiés et de mariages échouent aujourd'hui, c'est parce que chacun reste accroché à lui-même, par peur de s'abandonner. C'est la peur de perdre sa liberté, la peur que l'autre ne puisse faire de nous ce qu'il veut, que nous soyons livrés à son arbitraire, et finalement à sa méchanceté. Or sans cet abandon de soi-même, aucune relation ne peut réussir. En effet, chacun veillerait alors seulement, dans la crainte, à garder le contrôle de lui-même, de ses émotions, de ses paroles et de ses actes, et à ne surtout pas se remettre entre les mains d'autrui. Mais s'il en est ainsi, aucune confiance ne peut se développer ; l'autre ne peut même pas manifester qu'il a de bonnes intentions, qu'il n'abusera pas de la confiance qui lui est accordée. S'en remettre à l'autre, cela ne signifie pas renoncer à soi-même.

Je ne peux le faire que si j'ai un bon contact avec moi-même, si je sais qui je suis. Dans cet abandon, il y a cependant toujours un risque. Je fais le saut hors de la sécurité dont je bénéficie en restant refermé sur moi-même, et je me remets entre les mains de l'autre. Cela ne peut réussir que si je sais que cet autre n'est pas un diable, mais un ange qui me recueille et me porte dans ses mains, qui me veut du bien.

Je connais bien des gens qui pensent devoir tout faire par eux-mêmes, travailler durement sur eux-mêmes pour avancer dans la vie et réaliser leurs visées idéales. Ils se donnent beaucoup de mal pour faire le bien. Mais vient un moment quelconque où ils sentent qu'ils ne pourront pas atteindre tous les buts qu'ils se sont fixés. Ils peuvent bien prendre autant de résolutions qu'ils voudront, jamais ils ne les réaliseront toutes. Sans cesse ils sont confrontés à l'insuffisance de leur propre réalité. Il s'agit alors de lâcher prise, et de s'en remettre à l'ange que Dieu nous a envoyé afin que notre vie soit réussie. C'est là une attitude non pas de résignation pure et simple, de renoncement, mais de liberté. Je sens qu'après tout, c'est vrai, je ne suis nullement obligé d'atteindre tous les buts que je voudrais, qui ne sont que l'expression de ma propre ambition et non pas, tant s'en faut, celle de la volonté divine. Si, méditant, je me place devant Dieu et tends vers Lui mes mains vides, alors j'éprouve cette liberté qui procède de l'attitude d'abandon. Je me laisse choir en Dieu. Je sais qu'Il me tient, qu'il m'est permis d'être, dans la bonté de Ses mains, simplement tel que je suis. Le cœur même de la foi du chrétien, c'est cela : l'expérience de la liberté en vue de laquelle le Christ nous a libérés (cf. Galates, 5, 1).

17.

L'ange de la chaleur

Il y a des êtres dont on peut dire qu'ils répandent autour d'eux une chaleur. Près d'eux on se trouve bien, on a chaud au cœur. D'autres êtres, en revanche, on sent émaner un froid ; avec eux, on gèle même en plein été. Puisse l'ange de la chaleur te rendre capable, ami lecteur, de compter parmi les premiers ; faire que près de toi les autres se sentent aimés et protégés ! Et puisse-t-il te faire rencontrer toujours des êtres qui deviennent pour toi autant d'anges chaleureux auprès desquels tes sentiments figés se dégèlent, qui sachent t'apporter un peu de chaleur quand tu te sens pénétré par le froid de ce monde ! Car beaucoup de gens aujourd'hui trouvent que notre monde est très froid. Il est rare que nous puissions y ôter en face d'autrui le manteau qui nous protège. On a peur d'être exposé au regard froid de l'autre. Chacun se barricade derrière son mur de froideur. Les anges de la chaleur alors nous feraient du bien, eux qui rendent possibles la rencontre et la proximité. Ils créent une atmosphère où nous pouvons nous sentir bien, nous sentir chez nous.

Se pose alors la question de savoir ce qu'il nous est possible de faire pour que l'ange de la chaleur nous rende aptes à émettre dans notre entourage ce rayonnement bénéfique. En ce qui me concerne, il est très important que je me réchauffe moi-même sans cesse au contact de l'amour divin ; c'est ainsi que je peux offrir aux autres un cœur chaud. Selon Henri Nouwen, la vie spirituelle consiste à entretenir en soi le feu intérieur qui brûle en chacun de nous. Nouwen pense que bien des gens aujourd'hui, pour avoir trop souvent ouvert leur foyer vers l'extérieur, ont épuisé leur feu : dans ces conditions, celui-ci ne peut pas continuer à brûler en eux ; ils ne sont plus alors que cendre refroidie. Pour moi aussi, la vie spirituelle consiste à veiller sur ce feu intérieur. Ce qui m'y aide, c'est, en méditant, de croiser mes bras sur ma poitrine, et de penser que j'ouvre la porte de mon foyer, et que le feu de l'amour divin peut ainsi pénétrer de son ardeur et transmuer tout ce qui est en moi. Alors je sens en moi une chaleur bienfaisante. Et je sais que ce feu de l'amour divin suffit aux besoins de tous. Je n'ai pas besoin de me fixer pour but de manifester cette chaleur envers tous. Si par la prière j'entretiens le feu intérieur, alors sa chaleur me pénétrera et elle suffira pour tous ceux que je rencontrerai aujourd'hui.

Ce rayonnement de chaleur, on ne peut pas le produire à volonté. On ne peut pas en faire un projet. Lorsque je regarde les anges tels que l'art gothique les a représentés, par exemple chez Fra

Angelico, je sens mon cœur se réchauffer. Ces anges émettent le rayonnement chaleureux de l'amour. Il n'est rien en eux de sombre, de froid, d'hostile. On peut dire d'eux ce que Paracelse a dit un jour des anges : « Sachez-le : l'ange, c'est l'homme moins la mort. » Du fait que ce qui tue, détruit, rend malade est absent chez les anges, ils peuvent émettre une chaleur susceptible de nous réchauffer sans nous brûler. Quand je les regarde, ces anges, je sens tout le bien que me fait leur chaleur ; et je constate alors que moi aussi je la répands autour de moi. Je peux en éprouver de la reconnaissance. Cette chaleur que j'émets et dont les autres ont envie de profiter, elle ne me prive pas de la mienne propre. Elle suffit au contraire pour tous, parce qu'elle puise à la source de la chaleur divine, qu'elle est sans cesse alimentée et renouvelée par le feu de l'amour de Dieu.

L'ange de la chaleur te rendra capable, ami lecteur, de te réchauffer très vite au contact des autres, et de réchauffer ceux-ci très vite à ton contact. C'est tout un courant de chaleur qui circulera alors entre eux et toi. Tu ne te refroidiras pas pour autant. Au contraire, ce courant deviendra de plus en plus fort ; il crée une atmosphère à laquelle les autres seront eux-mêmes sensibilisés. Quand je suis dans un groupe, je sens tout de suite si l'atmosphère y est froide, si l'on doit peser chacun de ses mots ; ou bien si, au contraire, elle y est chaleureuse, bienveillante, amicale. Alors, les mots n'ont pas à être pesés ; j'ai le droit d'être ce que je suis. Tel quel, je suis pleinement accepté. Je te souhaite, ami lecteur, de sentir toujours auprès de toi la présence de l'ange de la chaleur, et qu'il te soit accordé de devenir à ton tour pour d'autres un tel ange, rayonnant d'une chaleur qui se communique à leurs cœurs.

18.

L'ange du courage

Le courage : ce mot vient de « cœur », et correspondait, dans son sens large, en langue classique, au grec *thymos*, qui désigne – de même que l'allemand *Mut* dans son sens premier – la partie émotionnelle et sentimentale de l'âme. Il a pris de plus en plus le sens restreint d'ardeur, de fermeté, de vaillance. Le courage est l'une des quatre vertus cardinales. Il consiste à affronter les dangers sans se laisser effrayer. Selon le moraliste Demmer, il résulte d'une disposition de l'âme à la confiance, à l'assurance joyeuse ; il implique à la fois l'acceptation d'un éventuel sacrifice, la faculté de s'imposer dans l'action et la volonté de s'affirmer soi-même. Le courage n'est pas requis du seul soldat, mais de tout être humain. Tous nous en avons besoin pour vivre notre propre vie, la vie qui nous est dès l'abord destinée. Nous n'avons que trop tendance à nous adapter aux autres, à adopter leurs vues, pour ne pas devoir nager à contre-courant. Notre temps voit régner, d'une part, un fort courant libéral, permissif à l'extrême. Mais nous pouvons d'autre part observer une grande uniformité. Les médias véhiculent une norme concernant ce qu'il faut être aujourd'hui, comment il convient de penser, de s'habiller, d'agir. Dans ces conditions, on doit déployer un grand courage pour être autrement, pour être vraiment conforme à soi-même.

Nous avons besoin de l'ange du courage quand ceux avec qui nous travaillons disent du mal de tel ou telle collègue. Pour ne pas s'associer à la médisance, mais faire entendre qu'il vaudrait mieux lui dire les choses en face ; ou bien encore, pour couper court à une telle discussion en observant que tout cela, après tout, on peut le voir aussi sous un autre jour : pour cela, il faut du courage. Ce que l'on récolte en agissant ainsi, c'est d'abord l'incompréhension. Celui qui manifeste ce courage, peut-être les autres l'accuseront-ils même de pharisaïsme. C'est que l'intéressé(e) est vraiment insupportable ! Les autres ne se laisseront pas si facilement insécuriser. Si l'on a le courage d'interrompre la médisance, ceux qui la répandent se sentent pris en faute, et ils essaient de se justifier en vous donnant le mauvais rôle. Il faut alors vraiment beaucoup de courage pour maintenir son point de vue même si les autres veulent vous isoler, et vous reprochent de médire aussi, bien sûr, comme tout le monde.

Veuille l'ange du courage être à tes côtés, ami lecteur, lorsque tu dois prendre des décisions, que ce soit sur ton parcours professionnel ou dans ta vie privée. Se marier, contracter une union pour la vie avec un autre être, ce n'est en effet qu'une décision parmi d'autres. On reproche souvent à nos contemporains de ne pas savoir se décider, de repousser sans cesse les décisions et de préférer ne pas se lier. Toute décision nous lie, tout au moins pour le temps immédiatement à venir. Or bien des gens ont peur de s'engager. Devant les décisions importantes qui doivent être prises, nous pouvons solliciter l'aide de l'ange du courage. Nous n'avons jamais la garantie que notre décision est la bonne ; pour nous, il n'est pas de voie qui exclurait absolument l'erreur. Pourtant, à la croisée des chemins nous sommes bien obligés de nous décider. Pour pouvoir avancer, nous ne pouvons en suivre qu'un seul ; et tout chemin nous conduira, tôt ou tard, dans un défilé qu'il nous faudra bien franchir afin que notre vie se déploie à nouveau. Jésus nous engage à passer par la porte étroite et à suivre le chemin resserré (cf. Matthieu, 7, 13 *sq.*). Le chemin large et spacieux, c'est celui de tout le monde. Or nous sommes appelés à trouver notre chemin strictement personnel. Il ne suffit pas de se régler sur les autres ; il faut mettre toute son attention à le trouver, ce chemin ; et puis il faut se décider, avec courage, à le suivre, même si l'on s'y sent bien seul. C'est sur lui seulement que l'on peut se développer et accéder à la vraie vie.

La vie ne cesse de nous mettre devant des tâches nouvelles, auxquelles nous devons nous attaquer aussitôt, sans quoi il est trop tard. Celui qui arrive en retard est puni par la vie, a dit Gorbatchev, et cette formule est devenue proverbiale.

L'ange du courage peut t'aider, ami lecteur, à assumer aujourd'hui ce qui est requis de toi. Cela peut être une conversation devenue nécessaire pour clarifier la situation, dans ta famille ou ton entreprise. Ce peut être aussi, dans l'entreprise, un problème dont tout le monde ajourne la résolution ; une visite que tu as longtemps renvoyée à plus tard et que tu ne peux plus éluder. Ou bien encore une lettre qu'il te faudrait enfin écrire pour clarifier une relation, pour mettre fin à un malentendu. Il y a dans ta vie quotidienne tellement de situations où l'ange du courage devrait t'assister, afin que tu fasses la bonne démarche au bon moment !

19.

L'ange de la patience

Attendre patiemment, voilà qui n'est plus aujourd'hui à la mode.

« Bienheureux ceux qui attendent \ Ils laissent le globe terrestre poursuivre sa course folle. Tout le relief du monde \ Ne détourne pas leur regard de la direction de la promesse », écrit la poétesse Ulla Hahn. Ce que l'ange de la patience nous permet de saisir, c'est quelque chose comme cela : le royaume des cieux est promis aussi à ceux qui savent attendre patiemment.

Le mot « patience » vient du latin *patior* : supporter, souffrir, endurer. Dans le Nouveau Testament, le mot grec pour la patience est *hypomonè*, littéralement : le fait de « rester dessous », d'endurer, de supporter. On a vu là parfois trop de passivité, comme s'il s'agissait d'accepter simplement tout ce qui arrive. Dans l'Église primitive, la patience signifie plutôt l'endurance, la constance d'âme dans les tribulations que le monde infligeait aux chrétiens. Dans l'Épître aux Romains (5, 3-4), Paul dit : « Nous nous glorifions encore des tribulations, sachant bien que la tribulation produit la constance, la constance une vertu éprouvée, la vertu éprouvée l'espérance. » Et dans l'Épître aux Colossiens (1, 11) : « Animés d'une puissante énergie par la vigueur de Sa gloire [celle de Dieu], vous acquerrez une parfaite constance et endurance. » *Hypomonè* veut dire ici la constance dont il convient de faire preuve dans le combat pour défendre, contre toutes les attaques de l'ennemi, la position où l'on est placé. Tout cela s'applique aussi parfaitement à notre vie aujourd'hui, où nous devons résister et tenir contre toutes les agressions venues du dehors. Être patient ne veut pas dire alors supporter passivement, mais tenir activement jusqu'au bout, persévérer dans la résistance. À cette patience, Paul associe encore la *makrothymia*, la longanimité, qu'il tient pour un fruit de l'Esprit (cf. Galates, 5, 22). Le mot grec s'applique à l'être dont l'âme est grande et le cœur vaste, et qui sait attendre. Le mot « patience » a les deux sens, savoir supporter et savoir attendre : observer les événements jusqu'à ce qu'une solution se dégage.

Puisse l'ange de la patience, ami lecteur, t'enseigner l'attente. La chose aujourd'hui ne va pas de soi. Nous voulons voir tout de suite la solution. Or il faut souvent bien du temps pour qu'une fleur s'épanouisse. Notre propre évolution exige de nous de la patience ; nous ne pouvons pas nous changer nous-mêmes dans l'instant. Les transformations s'opèrent lentement et de façon parfois insensible. Le langage imagé de la Bible nous parle encore aujourd'hui – ainsi Jésus lui-même, dans la parabole du grain qui pousse tout seul (Marc, 4, 26-29). Pour exhorter à la patience, Jacques prend lui aussi comme exemple, dans son Épître (5, 7-8), le paysan : « Voyez le laboureur : il attend patiemment le précieux fruit de la terre jusqu'aux pluies de la première et de l'arrière-saison. Soyez patients, vous aussi ; affermissez vos cœurs... » Bien des gens voudraient connaître tout de suite le succès lorsqu'ils ont entrepris quelque chose. Ils veulent, quand ils sont en traitement médical, constater des progrès immédiats, et dans le cas d'une assistance spirituelle, en voir aussitôt le résultat. À force de se braquer sur celui-ci, ils ignorent ce qui évolue lentement en eux vers la maturité. Ils auraient le plus urgent besoin de l'ange de la patience, afin de se laisser à eux-mêmes le temps requis par ce qui se passe en eux. La croissance demande du temps. Toute plante qui pousse trop vite se fane aussi rapidement.

Avoir de la patience, cela ne veut pas dire se désintéresser de tout ce qui peut et devrait être changé. Mais il est permis d'être patient envers soi-même aussi, ainsi que dans une situation qui ne peut être modifiée et qui requiert donc plutôt un abandon serein. Puisse l'ange de la patience nous assister quand nous avons à faire preuve d'endurance pour supporter une situation douloureuse. Il n'est pas toujours possible de résoudre ou du moins de résoudre rapidement les conflits conjugaux ou les problèmes qui se posent sur le lieu de travail. Dans ces circonstances, l'on peut seulement espérer qu'une solution se dégagera, et attendre patiemment. Cela ne veut pourtant pas dire que l'on s'accommode une fois pour toutes du conflit, ou que l'on conclut des compromis douteux. La patience implique aussi la force de travailler en vue du changement et de la métamorphose. Dans cette perspective, le temps joue un rôle important ; il nous faut laisser, aux autres comme à nous-mêmes, le temps nécessaire au changement.

La patience, on en a besoin quand on est malade. Elle non plus, la maladie ne se laisse pas maîtriser si vite. À l'heure actuelle, la faculté de supporter les choses pénibles ne cesse de décroître. L'endurance, l'aptitude à ne pas ployer sous la charge, cette vertu n'est guère en vogue aujourd'hui. Et pourtant nous en aurions un urgent besoin pour maîtriser notre vie et pour affronter dans l'espoir et résoudre les problèmes de notre temps. Je te souhaite donc, ami lecteur, d'être assisté par l'ange de la patience ; de ne pas lâcher prise aussitôt que tu es placé dans des situations difficiles, quand un problème te paraît insoluble. Puisse-t-il te donner la force de porter jusqu'au bout ton fardeau, et d'accéder à la conviction confiante que la métamorphose surviendra.

20.

L'ange de la légèreté

Dans son journal intime, le pape Jean XXIII écrivait un jour : « Giovanni, ne te prends pas trop au sérieux ! » Il y avait en lui un certain esprit de légèreté que cet ange a pour fonction de nous enseigner. Peut-être les Italiens ont-ils un rapport plus facile avec lui que les Allemands, peuple plutôt sombre et qui prend tout tellement au sérieux, qui aborde toutes choses avec la plus grande conséquence et la volonté d'aller jusqu'au fond. Mais il y a un temps pour tout. Que nous nous colletions réellement avec les problèmes difficiles, c'est pour sûr une bonne chose. Nous avons alors besoin de l'ange du courage. Mais, dans le cas des problèmes personnels, en particulier, empoigner ceux-ci avec tant de constance n'est pas toujours la solution. Car plus nous attaquons de front nos défauts, plus ils gagnent en puissance ; dans ce cas, il nous faut mener contre eux une lutte de tous les instants. L'esprit de légèreté du pape Jean XXIII nous serait alors très utile. Ce pape, qui a assumé son ministère avec plus de légèreté que nombre de ses prédécesseurs écrasés par leur charge, c'est lui précisément qui a trouvé le courage de convoquer un concile et d'ouvrir ainsi la voie à l'avenir.

De la légèreté, c'est justement dans notre relation à nous-mêmes que nous en avons le plus grand besoin. Bien des gens restent bloqués à cet égard parce qu'ils usent envers eux-mêmes d'un sérieux mortel. Ils ne peuvent pas se pardonner d'avoir encore des défauts dont, à leur âge, ils devraient s'être débarrassés. Ils entreprennent donc, avec constance, de les éliminer. Mais plus ils luttent contre ces défauts, plus ceux-ci se manifestent avec opiniâtreté. Et ces lutteurs si sérieux perdent alors bientôt patience envers eux-mêmes ; ils vont soit user d'encore plus de rigueur, soit abandonner le combat. Ce que l'ange de la légèreté veut nous enseigner, c'est une autre façon de faire. Nos défauts, nous ne les acceptons pas alors tout simplement tels quels, mais nous les combattons avec humour. Si nous y avons cédé encore une fois, nous ne le prenons pas au tragique. Nous assumons avec légèreté notre condition d'hommes, parce que nous ne sommes pas condamnés à en supporter nous-mêmes tout le poids, parce que nous nous savons portés par la main de Dieu. Celui qui pense devoir résoudre par lui-même tous ses problèmes traîne lourdement sa responsabilité, et prend sa condition humaine comme une tâche trop pesante. L'esprit de légèreté ne consiste pas à tout prendre à la légère, à être négligent ; il s'appuie au contraire sur une profonde confiance dans la bonté de Dieu qui nous tient dans Sa main et veille sur nous. Et cet esprit sait que nous ne sommes pas obligés d'exhiber des justifications. C'est pourquoi il n'est pas tellement grave d'échouer parfois : cela ne suffit pas à affliger Dieu. Lorsque nous ne sommes pas à la hauteur de nos propres images, nous nous irritons seulement contre nous-mêmes.

L'ange de la légèreté se propose aussi de nous amener à plus de liberté dans nos rapports avec les autres. Qui vit comme moi dans la communauté d'un couvent sait qu'il ne faut pas toujours tout prendre trop au sérieux, sous peine de se compliquer artificiellement la vie. Même au couvent, nous sommes et nous restons des humains. Cela ne vaut pas, bien sûr, pour les seules communautés conventuelles. Toute mère qui élève ses enfants sait qu'il ne sert à rien de s'irriter sans cesse à propos de leurs erreurs et de leurs fautes. Dans ce cas aussi, l'on a besoin de l'esprit de légèreté que donne l'assurance confiante qu'ils surmonteront leurs maladies infantiles et finiront par devenir adultes. Ce sont encore des enfants, après tout ; ils ont droit à l'erreur, à la faute, et ils doivent apprendre par la faute et l'erreur.

Les enfants qui sentent chez leurs parents cet esprit de légèreté auront plus de confiance dans la vie que d'autres dont les parents prennent tout trop au sérieux, ou qui se représentent l'éducation des enfants comme le travail à une thèse de doctorat qu'il s'agit d'expédier au plus vite. Qui veut donner une éducation parfaite aboutit en général au résultat opposé.

Là encore, la légèreté naît de la confiance : ces enfants, ce ne sont pas seulement mes enfants, leur évolution ne dépend pas de la seule « perfection » de mon éducation ; ils sont dans la main de Dieu, et à chaque enfant Dieu envoie un ange pour prendre soin de lui.

Si nous considérons les anges qui manifestent leur joie au-dessus de la crèche de Noël, ou les *putti* que l'art baroque a répandus un peu partout dans ses églises, nous percevons quelque chose de cet esprit de légèreté qui émane d'eux. Ils prennent la vie avec moins de sérieux que nous. Ils planent, ils volent au-dessus de bien des choses dans lesquelles nous restons empêtrés, de bien des problèmes que nous voudrions à tout prix résoudre. Les artistes ont compris la légèreté des anges : ils les ont peints sous les traits d'adolescents ou même d'enfants joueurs, joyeux et intérieurement libres. Parmi tous ces anges il y a aussi celui de la légèreté, qui nous est envoyé pour ôter à notre vie sa pesanteur et nous communiquer la légèreté de l'Être.

21.

L'ange de l'ouverture du cœur

Il y a bien des gens que l'on ne parvient pas à rencontrer parce qu'ils sont refermés sur eux-mêmes. Ils se sont entourés d'une cuirasse pour empêcher quiconque de les approcher. Ils se sont dissimulés sous un masque par peur que leur vrai visage puisse être découvert. Par peur de la vraie rencontre, ils ne veulent pas se montrer tels qu'ils sont. Ils ont peur de leur propre vérité. L'ange de l'ouverture a pour fonction de nous révéler le secret de la rencontre. Nous ne pouvons rencontrer l'autre que si nous sommes ouverts à lui, si nous ouvrons notre cœur pour le laisser entrer. Pour moi, l'image archétypale d'une telle rencontre dans l'ouverture est celle de Marie et Élisabeth, telle que la rapporte l'Évangile de Luc dans son premier chapitre. Nous y voyons Marie se mettre en route ; elle quitte la sécurité de sa maison et traverse la montagne. Elle franchit la montagne des préjugés qui souvent nous empêchent de faire la vraie rencontre, et celle des inhibitions qui nous retiennent prisonniers en nous-mêmes. Puis elle entre dans la maison d'Élisabeth, et salue celle-ci. Elle ne rencontre pas sa cousine seulement de façon superficielle, extérieure ; elle entre non seulement dans sa maison, mais aussi dans son cœur. Toutes deux, elles sont ouvertes l'une à l'autre. Et c'est ainsi que peut s'accomplir le mystère de la rencontre qui les transforme toutes les deux, qui les met en contact dans l'authenticité de l'image que Dieu s'est faite d'elles. Élisabeth sent remuer l'enfant qui lui rappelle l'image inaltérée de Dieu qu'elle porte en elle, et elle reconnaît en Marie la mère de son Seigneur. Et Marie reconnaît, dans l'hymne du *Magnificat*, le mystère de sa vie. Elle reconnaît qu'Il a abaissé Son regard sur l'humilité de Sa servante, et qu'Il a accompli en elle de grandes choses. Si nous nous rencontrons avec cette ouverture dont Marie et Élisabeth nous offrent l'image archétypale, alors la rencontre nous métamorphosera nous aussi et nous ouvrira les yeux sur le mystère de notre existence.

Puisse cet ange t'ouvrir, ami lecteur, à l'avenir, à ce que Dieu projette pour toi. Plus d'un s'est installé dans sa vie de telle façon qu'il n'est plus ouvert à la nouveauté dont Dieu le croit capable. Tout doit pour lui rester en l'état. De tels êtres souvent sont sclérosés. Il faut être ouvert aux possibilités nouvelles que Dieu désire nous octroyer. Le neuf ne peut se déployer en nous que si nous y sommes ouverts, si nous ne sommes pas rivés à l'ancien, figés dans ce que nous sommes en train de vivre. Cette ouverture se manifeste dans la disposition à accueillir des idées nouvelles, à apprendre de

nouveaux modes de comportement, à relever toujours de nouveaux défis dans le travail, la famille, la
société. Les êtres ouverts sont prêts, dans leur pro-
fession, à apprendre sans cesse, à s'initier à d'autres
techniques, à admettre l'évolution. Ils restent vigi-
lants et vivants.

L'ouverture dans la fréquentation des autres
implique aussi la sincérité et la franchise. En face
de celui qui dit ouvertement ce qu'il pense, on sait
où l'on en est. De tels êtres sont une bénédiction.
Ils ne se répandront pas en bavardages sur nous derrière notre dos. Auprès d'eux, nous pouvons nous
ouvrir aussi ; leur sincérité est bienfaisante. Même
quand ce qu'ils nous disent est désagréable, nous
savons que leurs intentions sont bonnes. Ils ne dissimulent pas leurs réserves et leurs jugements pré-
conçus derrière une façade amicale. Ils se montrent
tels qu'ils sont. Ils ont le courage de nous dire
la vérité parce qu'ils sont libres ; ils ne sont pas
dépendants de notre assentiment. Étant centrés sur
eux-mêmes, ils peuvent, dans leur sincérité, accepter
même le risque de voir se détourner d'eux celui
qui ne supportera pas leurs critiques. Puisse l'ange
de l'ouverture te faire don, ami lecteur, de cette
sincérité et de cette franchise, afin que tu puisses,
dans ta liberté intérieure, dire à l'autre ce que tu
sens en ton cœur. Bien entendu, une telle sincérité
requiert aussi intelligence et sensibilité. Il importe
de savoir ce que l'on peut dire à l'autre, et ce qui
le blesserait inutilement. Mais si l'on en n'est pas au
point de se vouloir apprécié de tous à tout prix, on

est libre de dire la vérité. Regardons l'ange Gabriel annoncer à Marie la naissance de son fils. En lui, les artistes ont donné forme et visage à l'ouverture du cœur. L'ange est ouvert envers la femme qu'il vient visiter. Il lui annonce le neuf, l'inouï. Et par son ouverture, il ouvre aussi Marie à ce qui paraît impossible. Puisse l'ange de l'ouverture nous rendre accessibles, nous aussi, au mystère de la rencontre humaine et de la nouveauté que nous nous sommes crus capables d'accueillir.

22.

L'ange de l'objectivité

Ce mot, ainsi que ceux de « sobriété » ou de « froideur lucide », évoque parfois pour nous l'idée de l'ennui, du manque d'imagination, de la platitude. Or ce n'est assurément pas dans cette direction que l'ange de l'objectivité veut nous conduire. Le mot allemand qui désigne la froideur lucide et la sobriété – *Nüchternheit* – appartient de par son origine au langage monacal ; il dérive de *Nacht*, la nuit. Le service divin célébré la nuit par les moines, la vigile, comportait trois « nocturnes », trois veilles de nuit ; il avait lieu avant le repas du matin. Dans son sens de base, l'adjectif allemand *nüchtern* signifie « qui n'a pas encore mangé ni bu ». Qui n'a pas encore bu ni mangé est pleinement éveillé, il voit les choses dans leur pure et simple vérité. Beaucoup boire peut obnubiler la conscience et faire que nous n'apercevions plus le réel qu'à travers un brouillard ; trop manger nous sature et nous rend somnolents. Être à jeun permet de voir les choses comme elles sont, et non à travers les verres déformants de la somnolence ou des projections.

La vertu qui correspond à cet état, l'objectivité, s'impose lorsque, dans une discussion, tous se
laissent entraîner par leurs émotions. Elle représente
une bénédiction quand, s'agissant de parvenir à une
décision, la claire vision des choses est brouillée par
les excès de l'intérêt particulier, de la lutte pour le
pouvoir, des conflits relationnels. Un maître artisan
me parlait un jour de certaines décisions qu'il avait
vu prendre dans un couvent de femmes. L'une des
sœurs disait qu'elle voulait un rideau jaune, non
parce qu'il lui plaisait, mais parce qu'il plaisait à
la supérieure et parce qu'une autre sœur, qu'elle
ne pouvait souffrir, tenait absolument à un rideau
vert... Bien souvent, nos décisions sont marquées
par de tels conflits entre individus. Nous aurions
alors besoin de l'ange de l'objectivité, de la lucidité
froide, pour nous faire voir clairement ce qui est
juste, conforme à la nature des choses. Objectivité,
sobriété, sens du réel sont des synonymes. Quand
nous agissons en fonction de la nature des choses,
nous agissons aussi selon le fondement ultime de
leur réalité.

Mais souvent nous laissons nos émotions infiltrer
les choses ; nous ne pouvons plus alors voir celles-ci
correctement. Nous ne pouvons plus résoudre les
conflits, parce que nous pataugeons tous dans un
marécage émotionnel dont nous sommes incapables
de nous extraire par nos propres forces.

L'ange de l'objectivité peut nous venir en aide
quand nous parlons avec ceux qui nous demandent
conseil, nous exposent leurs problèmes, leurs irri-

tations, leurs déceptions, les blessures qu'ils ont reçues. Si nous ne nous laissons pas alors entraîner dans ce marécage des émotions, si nous sommes capables de tirer objectivement au clair le fond des problèmes, alors nous pouvons apporter une aide réelle, en permettant à ceux qui nous consultent de sortir du brouillard de leurs affects. Cette objectivité – cette sobriété – exige une bonne distance en face d'autrui. Si l'on se laisse liquéfier par la compassion, l'on ne peut pas montrer à l'autre le chemin à suivre. Elle lui fera peut-être d'abord du bien ; mais il ne suffit pas de se plaindre l'un l'autre parce que la vie est tellement dure. Il faut certes entrer dans le sentiment de l'autre ; mais il faut encore, pour trouver la sortie du labyrinthe des problèmes, la sobriété du regard que donne une saine distance.

L'ange de l'objectivité peut aussi nous aider à apprécier correctement notre propre situation, à renoncer aux amplifications qui la dramatisent bien souvent à l'excès, et à trouver la voie d'un meilleur rapport à nous-mêmes. Que de fois sommes-nous aveuglés par l'habitude d'une situation, et ne voyons-nous plus rien qu'à travers notre colère, notre déception ou la souffrance de notre blessure ! Cela nous empêche d'apercevoir les solutions viables. Aussi te souhaité-je, ami lecteur, d'être aidé par l'ange de l'objectivité à clarifier ta situation et à dissiper le brouillard qui aggrave les conflits et complique les décisions.

23.

L'ange du pardon

Pardonner, remettre les offenses : cela donne une impression de souplesse peut-être excessive. L'autre peut me taper dessus tant qu'il veut : en chrétien que je suis, je n'ai plus rien d'autre à faire que de lui pardonner. Je n'ai pas le droit de me défendre. Je dois pardonner même à mon pire ennemi. Or l'ange du pardon ne veut pas nous humilier et nous priver de défense, mais nous libérer du pouvoir de ceux qui nous ont humiliés et blessés. Pardonner, c'est le contraire d'accuser ; c'est donc ne pas imputer la faute commise envers nous, renoncer à la revendication que la faute de l'autre nous incite à émettre.

Nous n'avons pas à réprimer nos sentiments en pardonnant. Le pardon vient toujours après la colère, et non pas avant elle. Pour pouvoir pardonner, il faut d'abord laisser parler la souffrance que l'autre nous a causée ; mais il ne faut pas fouiller la blessure, sous peine de se faire à soi-même du mal. C'est pourquoi la prise de conscience de la souffrance s'accompagne nécessairement d'une grande

colère. La colère, c'est la force de prendre du recul
en face de celui qui nous a blessés. Elle nous permet de rejeter hors de nous-mêmes la cause de la
blessure et de l'irritation. C'est seulement quand
nous l'avons rejetée que nous pouvons nous dire :
« Après tout, ce n'est qu'un être humain ; il n'est,
lui-même aussi, qu'un enfant blessé. » Nous pouvons encore prier, comme Jésus sur la croix : « Père,
pardonne-leur : ils ne savent ce qu'ils font » (Luc,
23, 34). Peut-être pensé-je que l'autre sait fort
bien ce qu'il fait en me blessant, en suscitant en
moi des sentiments de culpabilité, en mettant à
nu sans ménagements, par sa critique, mes points
vulnérables. En effet, il sait ce qu'il fait. Mais il
ne sait pas ce qu'il me fait réellement, à moi. Il
est tellement prisonnier de sa propre structure psychique, de son angoisse, de son désespoir, qu'il ne
peut pas faire autrement. Il lui faut me rabaisser,
parce qu'il n'a pas d'autre moyen de croire à sa
propre grandeur. Parce qu'il est lui-même rempli
de sentiments d'infériorité, il lui faut me rendre
plus petit qu'il ne se sent l'être lui-même. Si nous
pensons cela, alors l'autre n'a plus de pouvoir sur
nous. Et c'est seulement quand nous nous sommes
libérés, par notre colère, du pouvoir de l'autre que
nous pouvons lui pardonner vraiment. Nous sentons alors que le pardon nous fait du bien, en nous
délivrant une fois pour toutes du pouvoir de celui
qui nous a blessés.

Nous avons à vrai dire souvent besoin de beaucoup de temps pour pouvoir vraiment pardonner.

Il ne faut pas pour cela passer par-dessus nos sentiments. Si par exemple notre père ne cesse de nous blesser, nous avons d'abord besoin de la colère pour prendre du recul en face de lui. Il faut peut-être même que la colère devienne encore plus violente pour qu'il ne puisse plus nous atteindre par son dénigrement et ses récriminations autoritaires. Tant que le couteau qui nous a blessés reste enfoncé en nous, nous ne pouvons pas pardonner ; en le faisant, nous ne ferions que nous blesser encore davantage, qu'approfondir la blessure. Ce serait du masochisme. Il faut d'abord rejeter l'autre hors de nous. Alors seulement nous pourrons vraiment lui pardonner. Pardonner plus tôt, ce serait seulement renoncer à soi-même, se résigner à un destin hostile. Cependant, il faudrait même alors que le vrai pardon finisse par venir à son heure. Bien des gens ne réussissent pas à se libérer de ceux qui les ont blessés parce qu'ils n'ont jamais pardonné. C'est le pardon qui libère des offenses et qui guérit les blessures.

Lorsqu'au cours d'un séminaire j'ai invité les participants, hommes et femmes, à évoquer trois personnes qui les avaient blessés et à leur pardonner après avoir éprouvé souffrance et colère, j'ai senti combien d'êtres continuent à vivre avec de vieilles blessures qui les tourmentent toujours. Ceux-là auraient besoin de l'ange du pardon pour que leurs blessures guérissent et pour qu'ils soient libérés de ceux qui les dominent encore. Les offenses non remises sont paralysantes. Elles nous enlèvent l'énergie dont nous avons besoin pour vivre ; et bien des gens ne guérissent pas faute d'avoir jamais réussi à pardonner. Cependant, l'ange du pardon nous laisse du temps ; il ne nous demande pas ce qui dépasse nos forces.

Sans pardon, aucune vie en commun n'est possible. Que nous le voulions ou non, en effet, nous ne cesserons jamais de nous blesser les uns les autres. Si nous tenons le compte des blessures, elles créeront un cercle infernal. Si nous en faisons simplement abstraction, elles susciteront en nous une amertume et une agressivité auxquelles nous donnerons à quelque occasion libre cours, sous la forme de reproches, de critiques, de ressentiments. Tôt ou tard, nous rendrons à l'autre la monnaie de sa pièce ; alors, une faute en engendrera une autre. L'ange du pardon rompt le cercle infernal du talion. Il purifie l'atmosphère, et nous rend possible, à nous qui ne cessons d'être blessés et de blesser, une coexistence vraiment humaine.

24.

L'ange de la liberté

La liberté, nous y aspirons tous avec ardeur. Nous souffrons en effet quand nous ne nous sentons pas libres. Quand nous sommes déterminés par autrui, qu'en leur présence nous ne pouvons pas faire autrement que de correspondre à leurs attentes, alors nous en sommes irrités. Cela va contre notre dignité. Lorsque nous sommes dominés par nos émotions ou nos habitudes, nous nous sentons mal aussi. Nous avons aujourd'hui, certes, une liberté extérieure, politique ; mais dans le rapport aux autres, bien des gens ne se sentent pas libres, ils se sentent liés par des contraintes extérieures résultant de leur situation, déterminés par les attentes de leur entourage et de la société. Ils n'osent pas s'en libérer et nager à contre-courant, dire librement ce qu'ils pensent. Ils se demandent ce que les autres attendent d'eux, ce qu'ils penseraient d'eux si... Ils ne sont pas eux-mêmes, et s'efforcent d'être tels que les autres voudraient qu'ils soient. Mais dans ces conditions je ne pourrai jamais devenir un être authentiquement humain, jamais je ne découvrirai qui je suis en réalité.

Dans leur communauté, les anciens Germains jouissaient de la liberté, de la plénitude des droits, de l'acceptation et de la protection par le groupe ; aucun lien de dépendance ne restreignait l'expression d'eux-mêmes. Je me sens libre quand je me sais aimé. Je ne suis pas alors obligé de me conformer aux attentes d'autrui ; j'ai le droit d'être tel que je suis. Quand je me sais aimé par un autre être, je peux auprès de lui laisser paraître ce que j'éprouve ; je n'ai pas à craindre en permanence ce qu'il va penser de moi. Je me sais accepté tel quel. Si je me sens réellement aimé dans toute ma façon d'être là, je suis libre de la contrainte de toujours devoir réussir, faire mes preuves, correspondre aux critères de la société.

Pour désigner la liberté, les Grecs usaient de trois mots différents. *Éleuthéria*, c'est la liberté d'aller où l'on veut, d'agir comme on veut, de faire ce que l'on sent être bon pour soi, sans se laisser restreindre par les prescriptions et les attentes des autres. *Parrhèsia*, c'est la liberté de parole. On va peut-être trouver qu'il n'y a là rien d'extraordinaire : en démocratie, on a le droit, en effet, de dire ce que l'on pense. Mais que de fois on ne s'en aligne pas moins sur les autres ! Je connais un être très doué, et qui a de bons certificats. Or il ne trouve pas de travail parce que, avant tout entretien préliminaire, il se demande cent fois ce que le chef du personnel va penser de ce qu'il dira, si cet homme ne le trouvera pas névrosé, au cas où il emploierait tel ou tel mot. Il n'a pas sa liberté de parole. Libres, nous commençons à l'être quand nous pouvons nous montrer tels que nous sommes, quand nous sommes capables d'exprimer notre vérité en face des autres. Le troisième mot, *autarkia*, désigne le fait de disposer de soi-même, de s'autodéterminer. Je peux décider moi-même de ce que je veux, de ce que je mange et en quelle quantité, ou quand je vais jeûner. Ce sentiment de liberté intérieure, d'être mon propre maître, fait essentiellement partie de la dignité de l'homme. Bien des gens aujourd'hui sont mus par des besoins maladifs ; l'ange de la liberté leur ferait du bien, en les aidant à se redresser et à disposer librement d'eux-mêmes.

Une femme s'est éprise d'un homme ; or celui-ci ne veut rien savoir d'elle. Bien qu'elle sache que cette relation n'a aucune chance, et qu'elle puisse tout juste se faire du mal à elle-même, elle ne parvient pas à se détacher de lui. Elle aurait besoin de l'ange de la liberté pour recouvrer sa dignité et le sentiment qu'elle a malgré tout une valeur en elle-même, qu'elle n'a pas besoin de courir après cet homme. D'autres se sentent à l'étroit, emprisonnés dans le mariage, la famille, la communauté, privés d'espace pour respirer. Eux aussi auraient besoin de l'ange de la liberté pour se sentir libres même dans leur enfermement. La liberté intérieure me dit que nul ne peut disposer de mon véritable Soi. Elle me fait don de l'indépendance dans l'amitié aussi. Je ne me définis pas par rapport aux autres ; je reste moi-même. Une telle liberté est nécessaire à la réussite d'une amitié, d'un mariage. Quand deux êtres sont collés l'un à l'autre, quand ils doivent s'assurer sans cesse de ce que l'autre pense, un tel confinement empêche la relation d'accéder à la maturité. Dans tout engagement, je garde un besoin de liberté ; je m'engage librement, et dans l'engagement je reste libre ; il est en moi un espace dont nul ne peut disposer. Je souhaite, ami lecteur, que l'ange de la liberté te fasse don d'une telle liberté intérieure, afion que tu puisses t'éprouver comme un être vraiment libre, et vivre debout.

25.

L'ange de la séparation

La séparation fait mal. Devoir prendre congé d'un être que l'on s'est mis à aimer, cela peut déchirer le cœur. Et pourtant, c'est parfois inévitable. Nous ne pouvons pas retenir l'autre. Il souhaite suivre son chemin, et il faut qu'il le suive, afin de réussir sa vie. Dans notre vie, il y a mille séparations. Nous devons prendre congé de notre univers familier quand nous voulons aller faire des études, quand nous avons trouvé du travail en un autre lieu. Tout changement dans la vie exige un départ et une séparation. Et c'est seulement quand celle-ci est réussie que nous pouvons vraiment nous engager dans la nouveauté, qu'elle peut se développer en nous. Bien des gens aimeraient mieux rester attachés aux relations devenues familières, prolonger indéfiniment une amitié. Mais il y a des amitiés qui ne sont positives que pour un temps ; ensuite, elles ne font plus que traîner en longueur. On les maintient par sentiment du devoir, ou pour ne pas blesser l'autre, mais elles ne marchent plus. Il serait temps alors d'en prendre vraiment congé. Dans ce cas, on agit honnêtement envers l'autre ; on lui fait confiance pour se réorienter. Et l'on est libre alors pour la nouveauté.

Une séparation, cela fait vraiment mal. Il y a la séparation d'avec le conjoint, ou d'avec l'amie avec qui l'on avait pensé rester toute sa vie. Beaucoup d'êtres doivent aujourd'hui en passer par la souffrance de cette séparation. Il y a les amitiés qui se cassent ; les mariages qui ne peuvent plus être prolongés parce que les partenaires ne font plus que se blesser l'un l'autre et que la vie devient un enfer. Nombreux sont ceux qui, au lieu de procéder vraiment à la rupture, se déchirent en justice lors du divorce et continuent à se faire la guerre. L'amour se change en haine. Pour de telles situations, les thérapeutes du couple ont développé des rituels de séparation, afin que celle-ci se passe de façon correcte. Ces rituels impliquent que l'on formule encore une fois toutes les expériences positives que l'on a faites avec l'autre, qu'on le remercie pour tout ce qu'il – ou elle – a apporté. C'est seulement alors que l'on peut dire pourquoi la séparation est malgré tout inévitable. Ainsi chacun peut aller son chemin, dans la liberté, sans devoir, en face de lui-même et des autres, faire abstraction des années passées, mais en les acceptant avec reconnaissance ; sans aigreur, sans reproches, sans se déchirer lui-même.

Mais ce n'est pas seulement des êtres qu'il faut savoir se séparer. Nous devons prendre congé aussi de nos habitudes, de notre vie passée et des schémas qui l'ont régie. Qui n'a jamais pris congé de son enfance émettra toujours des revendications infantiles envers son entourage. Qui n'a jamais dépassé sa puberté restera toujours prisonnier des illusions qu'il s'était faites sur la vie. Nous devons prendre congé de notre jeunesse, si nous voulons devenir adultes ; de notre vie de célibataires, si nous voulons nous marier ; de notre métier, quand l'âge en est venu. Mais surtout nous devons aller au-delà des blessures que la vie nous a infligées. Beaucoup de gens ne parviennent pas à bien vivre parce qu'ils n'en ont pas fini avec les blessures de leur enfance. Ils reprochent encore à leurs parents de les avoir élevés comme ceci ou comme cela, de ne pas avoir su satisfaire leurs besoins. Pour vivre en toute conscience ici et maintenant, il faut que je me délivre de ces vieilles blessures. Je suis responsable de ma vie, ici et maintenant. Quelle qu'ait été mon enfance, peu importe, je peux faire aujourd'hui quelque chose de ce que j'ai reçu en partage. Nul n'a fait que de bonnes ou de mauvaises expériences. Quelles qu'aient été nos blessures, nous avons reçu de nos parents aussi des racines saines ; mais nous ne pouvons les découvrir qu'à condition de nous être séparés en toute conscience de nos parents.

Puisse l'ange de la séparation t'aider, ami lecteur, à prendre congé des schémas anciens qui te rendent l'existence difficile ; du perfectionnisme, par exemple, qui te contraint à une surveillance permanente ; ou de la tendance à l'automutilation, qui toujours te fait chercher la faute en toi-même ou te dévaloriser. Cesse d'obéir au schéma qui consiste à vouloir encore et toujours démontrer à ta mère, par le succès, que tu vaux quelque chose. Peut-être qu'entre-temps ta mère a été remplacée par l'école, par l'Église pour laquelle tu t'es dépensé ; ce n'en est pas moins toujours au même schéma que tu obéis. Si nous ne prenons pas congé des vieux schémas, nous sommes condamnés à nous blesser nous-mêmes ou à blesser autrui, ou à chercher inconsciemment à nous mettre dans des situations qui renouvellent les vieilles blessures de l'enfance. Alors nous nous cherchons un chef qui nous dévalorise exactement comme le faisait notre père ; ou une amie qui nous accapare exactement comme le faisait notre mère. Puisse l'ange de la séparation t'aider à te séparer de ton passé et de tes schémas anciens, afin que tu saches vivre tout à l'instant présent, réaliser les possibilités qui sont en toi, et laisser croître en toi le neuf, l'inattendu.

26.

L'ange du deuil

Le mot « deuil » nous fait aussitôt penser à la disparition d'un être cher ; aussi bien est-ce là le cas le plus grave qui puisse se présenter. Qui fait alors l'économie du travail de deuil, lors par exemple de la mort d'une mère ou d'un père aimés, bloque en lui-même le flux de la vie. Il ne sait pas pourquoi il ne peut plus éprouver de vraie joie, ce qu'il a sur le cœur et qui l'empêche de vivre. Il s'agit souvent d'un deuil non vécu. Dans le travail de deuil, nous nous affrontons consciemment à la perte, à la déchirure que la mort d'un être a causée dans notre vie. Nous reconsidérons alors la relation que nous avons eue avec lui. Nous nous rappelons tout ce que nous avons vécu avec lui, ce qu'il a représenté pour nous, ce qu'il nous a apporté. Mais nous ne fermons pas les yeux sur les difficultés que nous avons traversées avec lui, sur les blessures qu'il nous a infligées, sur ce qui n'a pas été tiré au clair, sur ce qui n'a pas été dit. Plus d'un alors s'étonne de voir surgir, dans la souffrance du deuil, aussi de la colère. Mais la colère elle-même a le droit d'être là. Le travail de deuil élucide notre relation et la place sur un plan nouveau. Si nous l'avons mené à bien, alors nous pouvons établir avec celui qui n'est plus une relation nouvelle, alors sa présence intérieure nous accompagne. Il n'a pas purement et simplement disparu. Nous le rencontrons parfois en rêve. Il peut alors nous adresser des paroles qui nous aident encore. Ou bien il nous rappelle, tout simplement, que nous aurions encore besoin de quelque chose qu'il a représenté. C'est à travers le deuil que nous découvrons ce que l'autre était en réalité. Pendant sa vie, nous n'avons jamais connu qu'une partie de son être ; le reste était caché par son masque. Maintenant, nous savons ce qu'il voulait vraiment exprimer par sa vie, quelle était la plus profonde aspiration de son cœur, quel message il voulait transmettre en vivant.

Mais l'ange du deuil n'a pas pour seule fonction d'enseigner comment il faut en user avec les morts. Il y a bien d'autres occasions où son rôle est de nous initier à l'art de travailler sur le passé, sur ce qui n'a pas encore été tiré au clair, et de le laisser derrière nous ; de faire notre deuil de toute la vie que nous n'avons pas vécue. Je connais beaucoup de gens qui ont tout d'un coup le sentiment d'avoir été frustrés de leur vie. Il ne leur a jamais été donné de vivre réellement ce qu'ils auraient voulu vivre. Ils ont été poussés par leurs parents, par leurs maîtres, dans une direction qui n'a pas été bonne pour eux. Ou bien ils reconnaissent, avec souffrance, quelle a été en réalité leur enfance, qu'ils n'ont jamais fait l'expérience d'une véritable sécurité. De telles constatations sont très douloureuses. Il faut les soumettre au travail de deuil, sans quoi elles continuent à nous déterminer et s'insinuent sournoisement dans toutes nos pensées, dans tous nos actes. Nous ne savons même pas alors pourquoi nous réagissons avec tant de susceptibilité dans telle ou telle situation, ou pourquoi nous sommes soudain bloqués. Il s'agit du travail de deuil non fait sur les déceptions que la vie nous a apportées.

Mais il ne s'agit pas des seules déceptions de notre enfance. Sans cesse nous voyons une relation se briser, nous nous retrouvons devant les ruines de notre propre vie. Nous avons échoué. Tous les idéaux que nous voulions réaliser se sont révélés être autant d'illusions. Maintenant nous sommes là, dégrisés, déçus, privés d'allant. Un homme me disait un jour, après une rupture, éprouver le sentiment qu'on lui avait coupé les ailes. L'ange du deuil souhaite te préserver, ami lecteur, d'aller dans la vie avec des ailes paralysées. Il aimerait te donner d'autres ailes, afin que tu puisses reprendre de l'altitude et regarder d'en haut tes échecs. Il voudrait te donner un nouvel élan, afin que tu puisses affronter les tâches qui se présentent à toi. Mais l'ange du deuil ne peut pas te préserver de la souffrance que tout travail de deuil comporte pour nous. La souffrance aussi, nous devons l'affronter. Mais nous pouvons être sûrs que nous ne sommes pas seuls avec elle, que l'ange du deuil nous accompagne, et qu'il est capable de la transmuer en un nouvel élan vital. Peut-être cet ange t'enverra-t-il aussi, ami lecteur, des êtres qui t'assisteront dans ton deuil, qui te comprendront, qui partageront tes sentiments et t'ouvriront les yeux sur les possibilités nouvelles qui s'offrent à toi.

27.

L'ange de la métamorphose

Les anges viennent à nous sous des apparences diverses. Ils sont maîtres dans l'art de la métamorphose. Ils prennent la forme d'un être humain qui nous accompagne sur notre route ; celle d'un médecin qui guérit nos blessures ; celle d'un thérapeute qui nous dégage des rets où nous emprisonnent nos schémas névrotiques ; celle d'un prêtre qui nous libère de nos culpabilités. « Les anges viennent sans s'annoncer », dit une chanson récente. Parfois c'est l'ami ou l'amie qui dit un mot après lequel tout apparaît sous un jour nouveau. Parfois c'est un enfant qui nous regarde, et qui nous fait voir combien peu d'importance ont les problèmes avec lesquels nous sommes en train de nous colleter.

Les anges sont des artistes de la métamorphose. L'ange de la métamorphose, lui, veut nous instruire du mystère de notre propre métamorphose. Si l'on veut rester vivant, il faut changer sans cesse. Ce qui ne change pas se pétrifie. Carl Gustav Jung a dit quelque part que le plus grand ennemi de la métamorphose, c'est une vie où tout réussit. On croit alors, en effet, que tout est bien ainsi, que l'on n'a pas besoin de changer. Mais alors ceux qui pensent cela s'arrêtent, intérieurement et extérieurement. Ils répètent toujours les mêmes formules que depuis vingt ans ; ils misent sur les mêmes solutions qui ont toujours bien fonctionné. Ils deviennent ennuyeux ; on a moins envie de s'entretenir avec eux. Leur parole, leur pensée sont éventées, comme un café refroidi qui n'a plus aucun goût.

L'ange de la métamorphose est là pour nous préserver d'agir envers nous-mêmes avec trop de dureté. Bien des gens pensent qu'ils devraient absolument changer. Or il y a souvent dans le changement beaucoup de dureté et de rejet de soi-même. Il faut que je change ! Car, tel que je suis, je ne suis pas bon. Il faut qu'enfin je me débarrasse de mes tares : de ma susceptibilité, de mon angoisse, de mon irascibilité. Cette façon de concevoir le changement repose sur l'idée que tous mes défauts, tous mes points faibles sont mauvais. Ce que veut l'ange de la métamorphose, c'est nous faire comprendre que tout en nous est bon, que tout ce qui est en nous a le droit d'y être, a son sens, mais a besoin aussi d'être transformé. L'angoisse est une bonne chose. Elle nous montre souvent que l'hypothèse fondamentale sur laquelle repose notre vie est fausse. Peut-être pensons-nous que tout ce que nous faisons, nous devrions le faire à la perfection, que nous n'avons pas droit à l'erreur. L'angoisse nous montre alors que cette façon de concevoir la vie nous est nuisible. Elle nous invite à suivre une voie plus humaine, qui nous permette de vivre. La colère, même violente, est bonne. Si nous l'admettons et la regardons en face, si nous allons au fond de la chose, alors elle peut se métamorphoser en un nouvel élan vital. Elle nous montre peut-être que jusqu'ici nous nous sommes conduits seulement en fonction des autres. Nous voudrions bien vivre désormais selon ce que nous sommes nous-mêmes. C'est ainsi que la colère peut devenir une nouvelle source d'énergie vitale.

Les contes connaissent bien le secret de la métamorphose. On y voit des hommes transformés en bêtes, et des bêtes en hommes. Tout peut s'y métamorphoser. Cela nous montre que nous ne devons avoir peur de rien de ce qu'il y a en nous. En nous aussi, tout peut être métamorphosé. Il est un beau conte qui décrit le mystère de la métamorphose : c'est celui des trois langages. On y voit un jeune homme qui n'apprend pas ce que son père voudrait qu'il apprenne. Il apprend au contraire le langage des chiens qui aboient, celui des grenouilles qui coassent, celui des oiseaux qui chantent. Lorsqu'il arrive, dans son errance, aux portes d'un château fort, le châtelain ne lui propose que la tour où logent des chiens farouches qui ne cessent d'aboyer et ont déjà dévoré plus d'un voyageur. Mais il n'a pas peur, lui, puisqu'il comprend leur langage. Ils lui disent que, s'il sont aussi farouches, si furieux, c'est parce qu'ils gardent un trésor. Ils lui montrent le trésor et l'aident à le déterrer. Puis ils disparaissent, et la paix s'établit dans la contrée. Pour moi, c'est une belle image : là où se situe ton plus grand problème, où tu souffres le plus de toi-même, où tu es malade, c'est là que se trouve ton trésor. C'est là que tu peux entrer en contact avec ton être véritable. Ce conte veut nous montrer que tout en nous a sa raison d'être. Même si nous sommes sans cesse insatisfaits et irrités, ce n'est pas une raison pour nous rejeter nous-mêmes. Demandons-nous plutôt vers quel trésor ces sentiments voudraient nous orienter. Lorsque nous l'aurons déterré, lorsque nous aurons découvert notre être authentique, alors ils se transformeront ; alors nous serons soudain en paix avec nous-mêmes. Et nous aurons de la reconnaissance envers le chien dont les aboiements nous ont révélé la présence du trésor caché. L'ange de la métamorphose veut nous donner le courage de regarder avec mansuétude tout ce qu'il y a en nous, parce que tout en nous est une matière brute qui ne souhaite que se transformer, jusqu'à ce qu'apparaisse, à travers toutes les ombres, dans une lumière toujours plus pure, l'image de ce que nous sommes dans notre vérité.

28.

L'ange de l'enthousiasme

Je trouve toujours rafraîchissants les êtres capables de s'enthousiasmer pour quelque chose. Ils prennent feu pour l'idée qui vient de donner une autre tournure à leur travail, et ils sont tout enthousiasmés de l'avoir trouvée. Ou bien, en vacances, ils regardent avec enthousiasme le merveilleux paysage qu'ils ont sous les yeux. Ils sont enthousiasmés d'une soirée passée à s'entretenir cordialement avec des amis. Ils savent s'enthousiasmer pour des voies nouvelles à suivre. Tout ce qu'ils vivent, ils le vivent avec intensité. Leur enthousiasme est capable aussi d'entraîner les autres : on se fait remarquer l'un à l'autre combien c'est beau, ce soleil à travers les nuages, cette montagne qui domine la vallée.

En revanche, il y a aussi bien des gens qui ne savent plus s'enthousiasmer pour rien. En vacances, ils ne tiennent pas en place. Leur demande-t-on ensuite comment c'était ? Ce qui leur revient alors à l'esprit, c'est que la cuisine ne leur a pas plu, et que l'hôtel laissait à désirer. Ils ont besoin d'impressions toujours renouvelées pour se sentir tout simplement exister. Mais plus loin ils s'en vont, plus ils dépensent pour leurs vacances, et moins ils vivent ce qu'ils font, moins ils se sentent vivre. Ils cherchent la vie en dehors d'eux-mêmes parce qu'ils ne l'ont pas en eux. Mais ce qu'ils vivent à l'extérieur, ils ne le laissent même pas entrer en eux. C'est pourquoi ils ne peuvent jamais vivre avec intensité.

Le mot « enthousiasme » vient du grec *théos* : Dieu. L'allemand *Begeisterung* vient de *Geist* : l'Esprit, par lequel on est saisi. Celui qui sait s'enthousiasmer se laisse saisir par une parole, par une rencontre, par la forêt qu'il traverse, par la montagne qu'il gravit. Regarder un beau paysage est pour lui la source d'une émotion profonde. Il se laisse arracher à sa distance intérieure ; hors de lui, il est tout entier à ce qu'il vit dans l'instant. Les Grecs parlaient alors d'*ek-stase*, être hors de soi, et d'*en-thousiasme*, être en Dieu. Savoir s'enthousiasmer, c'est donc en fin de compte se laisser entraîner en Lui, que je rencontre en toute chose : dans la création, dans l'être humain, dans toute parole, dans la musique, dans l'art. Et c'est seulement en Dieu que je peux vivre totalement le mystère d'un être, de la nature et de l'art. Alors, toute profondeur se révèle à moi. En toute chose, c'est finalement Lui que j'atteins.

Ceux qui savent s'enthousiasmer sont capables d'entraîner aussi les autres. Ils sont des émetteurs de vie. Avec eux, on ne reste pas ensemble toute la soirée à se lamenter sur n'importe quoi. L'enthousiasme est un feu qui jaillit d'eux. Ils ont des idées, et ils veulent nous faire partager l'enthousiasme qu'elles leur causent. Ils savent raconter de manière entraînante ce qu'ils ont vécu. Et cela, c'est déjà une source de vie et de fraîcheur ; la conversation ne s'écoule pas comme d'un robinet d'eau tiède ; elle est toujours excitante ; sans cesse jaillissent des idées neuves, des projets nouveaux ; nous sentons s'éveiller en nous le plaisir de vivre. Nous avons tout d'un coup envie d'aller écouter tel concert, voir telle exposition, suivre tel chemin. Les êtres de cette espèce nous communiquent la vie et l'esprit.

Je souhaite, ami lecteur, que l'ange de l'enthousiasme te rende capable de t'enthousiasmer, de te laisser saisir, emporter par ce qui t'arrive, par ce que tu vis, par ce que tu es. Et je te souhaite de savoir communiquer ton enthousiasme, de savoir conquérir les autres pour une idée, pour un projet, de pouvoir les emplir du souffle de la vie et de l'esprit. Alors, l'ange de l'enthousiasme te fera don du goût de vivre et fera de toi aussi, pour ceux que tu rencontres, un ange de l'enthousiasme.

29.

L'ange de la guérison

Quand nous entendons le mot « guérison », nous pensons aussitôt à la guérison de nos maladies, à notre propre santé. La santé, c'est l'état de celui qui est sain – sain et sauf –, et dont les forces sont intactes. Selon l'étymologie, guérir, c'est d'abord « protéger », assister, puis « rendre la santé », assurer le « salut » et le bonheur. L'ange de la guérison veut nous donner l'espoir que notre vie sera réussie, qu'elle accédera à sa totalité, que nous pourrons accepter tout ce qu'il y a en nous, dire « oui » à tout ce que nous sommes, dire : c'est ainsi, et c'est bien ainsi.

Afin de pouvoir dire cela, il faut d'abord que nos blessures guérissent. Chacun de nous porte en lui des blessures. Nous avons été blessés par nos parents, si bonnes qu'aient pu être leurs intentions à notre égard. Nous avons été blessés si nous n'avons pas été pris au sérieux dans ce qu'il y a en nous d'unique, si n'ont été respectés ni nos sentiments ni nos besoins les plus profonds : le besoin d'être aimés, protégés, sécurisés et confiants. Nous avons été blessés par des maîtres qui nous ont ridiculisés devant toute la classe ; par des prêtres qui nous ont inoculé la peur de l'enfer. Nous sommes blessés par notre ami, par notre amie, lorsqu'ils ne nous comprennent pas, lorsqu'ils nous atteignent là où nous sommes vulnérables, qu'ils fouillent nos vieilles blessures. L'ange de la guérison nous dit : tes blessures, elles peuvent guérir et elles guériront. À vrai dire, la guérison ne signifie pas que tu cesseras tout à fait de les sentir, mais qu'elles cesseront de suppurer en permanence. Une cicatrice se formera sur elles. Alors, elles feront partie de toi sans t'empêcher de vivre. Elles ne capteront plus toute ton énergie. Et même, elles entretiendront en toi la vie, elles en deviendront pour toi une source. L'ange de la guérison fera de tes blessures un bien de grande valeur, des perles précieuses, comme l'a dit Hildegarde de Bingen. Car là même où tu as été blessé, tu seras ouvert à ceux qui t'entourent ; tu réagiras alors avec sensibilité quand ils te parleront de leurs propres blessures. C'est là que tu seras le plus vivant ; que tu entreras en contact avec toi-même, avec ton être le plus vrai. Je souhaite, ami lecteur, que l'ange de la guérison te donne l'espoir de voir guérir toutes tes blessures, de ne pas rester enfermé dans leur histoire, mais de pouvoir vivre tout à l'instant présent, sans qu'elles continuent de t'en empêcher. Ce sont elles, bien plutôt, qui te rendent apte à la vie. L'ange de la guérison aimerait les transmuer, pour toi-même et pour d'autres encore, en sources de vie et de bénédiction.

Si l'ange a guéri tes blessures, alors tu deviendras toi-même pour d'autres un ange de la guérison. En ta présence, ils se sentiront bien. Ils sauront qu'ils peuvent te montrer leurs blessures, que tu les comprends, que tu ne portes pas sur elles de jugement de valeur, mais que tu les acceptes, tout simplement. Et ils sentiront émaner de toi une atmosphère propice à la guérison. Tu ne projetteras pas sur eux tes propres blessures ; tu ne feras pas partager tes problèmes aux autres, mais tu leur seras ouvert. Ils pourront te parler de ce qui les fait souffrir sans devoir craindre d'être étiquetés comme malades ou geignards. Tu ne sauras pas du tout alors pourquoi les êtres viennent à toi si volontiers, et pourquoi ils se racontent à toi avec tant d'ouverture. C'est, à l'évidence, l'ange de la guérison qui aura transmué tes blessures, et qui veut alors te faire savoir, et faire savoir par toi à d'autres que, tels que vous êtes, vous êtes bien ainsi : sains et entiers. Toutes les blessures peuvent guérir.

30.

L'ange de la fidélité

La fidélité n'est plus aujourd'hui une valeur très cotée. Trop de gens ont su par expérience ce qu'il en était de la fidélité éternelle que les nouveaux mariés se jurent l'un à l'autre, pour aboutir bientôt à la rupture de leur union. Bien des gens ont peur de s'engager à la fidélité envers un autre être, parce qu'ils savent trop bien qu'ils ne peuvent pas se porter garants d'eux-mêmes et de leurs sentiments. Et pourtant nous avons la nostalgie d'êtres fidèles, qui tiennent leurs engagements, qui nous donnent certitude et sécurité. Le désir de la fidélité de l'autre correspond au doute quant à la capacité d'être soi-même fidèle.

En français, « fidélité, fidèle » viennent de « foi ». Le mot allemand, lui – *Treue, treu* – veut dire à l'origine « fort et solide comme un arbre ». Comme bien souvent nous ne nous sentons pas pareils à un arbre profondément enraciné et qu'il n'est pas si aisé de renverser, nous avons peur de ne pas pouvoir rester fidèles l'un à l'autre, nous ne pouvons pas garantir la solidité de nos sentiments. Il ne s'agit pas là de la fidélité envers les principes ou les tâches qui sont les nôtres, et qui consiste simplement à faire son devoir. Être fidèle, en dernier ressort, c'est toujours l'être envers une personne, un « toi ». Or la fidélité présuppose l'amour. Fidèle, je ne peux l'être qu'envers celui, celle que j'aime. La fidélité implique le désir profond de pouvoir tout miser en confiance sur l'être aimé auquel on s'est lié, et d'être soi-même toujours prêt à répondre à son appel. La fidélité n'est pas quelque chose de statique ; c'est la disposition à suivre le même chemin que l'autre, et la promesse de rester stable et fiable en dépit de toutes les transformations que l'on accomplit soi-même. C'est par la fidélité qui me lie pour l'avenir, et par elle seule, que je peux conquérir mon être authentique à travers toutes les contingences de la vie. C'est par la fidélité, a dit le philosophe allemand Otto F. Bollnow, que l'être humain accède à lui-même et au noyau vraiment stable de sa personne, en dépit de toutes les fluctuations de l'existence.

Quand nous promettons la fidélité à un autre être, nous ne pouvons jamais la lui garantir. Nous n'y sommes au demeurant pas obligés. En prononçant mes vœux, je me suis engagé à être fidèle à mon ordre monastique. Pourtant, je ne peux pas garantir que je ne connaîtrai jamais un amour tel que vivre dans cette communauté me deviendrait impossible. Ce qui me soutient, malgré tout, c'est l'assurance que Dieu est fidèle, Lui. Dans la Deuxième Épître à Timothée, je lis ces mots qui sont pour moi tellement réconfortants : « Si nous sommes infidèles, lui reste fidèle, car il ne peut se renier lui-même » (2, 13). Savoir qu'Il me restera fidèle même si je cesse de l'être moi-même me donne la certitude que ma vie sera réussie, qu'elle comporte ou non des cassures, intérieures ou extérieures. Et cela m'ôte l'angoisse de me sentir lié par la fidélité à ma communauté.

Quand nous parlons des êtres fidèles, nous ne pensons pas seulement à la fidélité dans le mariage de ceux qui s'abstiennent de tout écart. Nous pensons plutôt à ceux en qui nous pouvons avoir confiance, que nous ne sommes pas obligés de reconquérir constamment, et dont la fidélité nous fait du bien. Même si nous n'avons plus eu de nouvelles d'eux depuis longtemps, nous savons pouvoir compter sur eux. De l'un d'entre eux, par exemple, nous savons qu'il nous écrira au moins une fois l'an, et cela pendant des décennies, parce que la chose ne lui pèse pas. Nous avons à l'évidence assez d'importance pour lui que, fidèlement, il cherche toujours le contact ou la rencontre. Quand ma sœur, dans ses jeunes années, était en Italie, elle fit la connaissance d'un professeur italien de sociologie, qui était marié. Chacun d'eux a suivi le chemin qui était le sien, à travers maintes et maintes vicissitudes ; pourtant, tout au long de ces trente années, un contact amical s'est maintenu. Quand elle retourne en Italie, elle peut toujours aller le voir, et quand il est à l'étranger, il lui donne la clé de son appartement. C'est un exemple de cette fidélité qui est tellement bienfaisante.

Je souhaite, ami lecteur, que l'ange de la fidélité soit à tes côtés, ainsi que des êtres qui te restent fidèlement attachés et en qui tu puisses avoir toute confiance. Et je souhaite aussi que l'ange te rende toi-même capable de fidélité. Tu sauras alors quel bien tu fais aux autres, et que c'est ainsi que, malgré l'instabilité de ton cœur, tu trouves ton être dans sa vérité. La fidélité ne doit pas nécessairement s'exprimer par des serments spectaculaires. Elle se manifeste dans le fait que tu es fiable, disposé à rester proche d'un autre sa vie durant, à l'accompagner à travers toutes ses métamorphoses sans te détourner de lui. Une telle fidélité est marquée du sceau de la bénédiction. Nous y percevons la présence de l'ange qui nous en rend capables. En effet, nos propres forces ne suffisent pas à la créer. C'est par elle que les humains se sentent soutenus et portés, à travers l'instabilité de notre monde. Ils savent alors qu'il existe quelqu'un pour qui ils sont importants, et cela les aide à saisir leur propre valeur et à s'assumer eux-mêmes, en dépit de toutes les déceptions.

31.

L'ange de la tendresse

Les êtres qui s'aiment se disent parfois l'un à l'autre : pour moi, tu es un ange de tendresse. Ils expriment ainsi tout le bien que leur fait une telle tendresse de la part de l'autre, quand ils ne se sentent pas traités comme une possession mais comme un précieux trésor que l'on ne peut approcher qu'avec précaution. Mais la tendresse ne caractérise pas seulement la relation entre les amoureux ; elle est devenue aujourd'hui une vertu moderne. Dans un monde où prédomine la violence, les êtres jeunes ont la nostalgie d'un autre modèle relationnel, d'un climat de tendresse. Ainsi se développe un style de vie marqué par elle, une culture de la tendresse. La tendresse, c'est l'art de traiter délicatement les êtres humains, la nature et même les choses. Même si la notion est typiquement moderne, le phénomène se retrouve dans tous les temps. La Bible est pleine de rencontres tendres. L'Épître à Tite (3, 4) nous dit que la tendresse de Dieu (la *charis*, sa grâce, sa bonté) nous est apparue sous les traits de Jésus-Christ. Avant de mourir, l'écrivain Heinrich Böll a réclamé une théologie de la tendresse ; il l'avait trouvée lui-même dans le Nouveau Testament – la théologie d'une tendresse « qui toujours guérit ».

L'ange de la tendresse a pour but de nous initier à l'art de traiter avec délicatesse non seulement les êtres humains, mais encore tout ce que nous prenons entre nos mains. Le mot « tendresse » implique l'amour, et aussi la délicatesse, la fragilité. On ne peut user de tendresse envers un être que si l'on s'est pris d'amour, d'affection pour lui. Alors, on ne pèse pas sur lui, on ne le prend pas par la brutalité, on ne le critique pas durement. On ne le contraint pas à livrer tous ses secrets. On l'aborde avec les égards, les précautions de la tendresse. On peut être tendre en paroles, dans le rapport aux autres. Dans une telle atmosphère, où l'autre se sent précieux et respecté, où il découvre sa propre beauté, la tendresse se manifeste aussi par des attentions : la délicatesse du contact, de la caresse, du baiser. Dans une telle tendresse, c'est l'amour même qui coule à flots entre les êtres, un amour qui ne retient pas, qui n'émet aucune revendication de propriété, mais qui au contraire laisse aller l'autre, respectueux, sensible à son mystère.

Traiter les choses avec tendresse, c'est par exemple prendre en main un livre avec des gestes mesurés, parce qu'il a pour moi une valeur. Je suis souvent choqué par la brutalité avec laquelle certains traitent leurs livres. Quand ils les ont lus, on peut à peine encore s'en servir après eux. La brutalité, nous disent les psychologues, est souvent l'expression d'une sexualité refoulée. La tendresse, elle, est l'expression d'une sexualité intégrée. Celle-ci se coule dans tout ce que nous faisons dans la vie, dans chaque contact, dans chaque travail, dans toute relation aux êtres et aux choses. Nous traitons avec délicatesse la tasse, l'assiette que nous posons sur la table ; nous prenons en main nos outils avec douceur. Saint Benoît attend de l'intendant du couvent qu'il traite tous les ustensiles ménagers de la même manière que les vases sacrés. En toute chose, c'est en dernier ressort le Créateur que nous touchons.

Je te souhaite, ami lecteur, de faire cette expérience : rencontrer des anges de tendresse qui créent autour de toi un climat où tu puisses t'épanouir, être pleinement ce que tu es, t'abandonner, te sentir bien, tout simplement. Et je souhaite qu'il te soit donné d'être toi-même pour les autres un tel ange. Pour le pouvoir, il te faut d'abord aller à l'école de l'ange de la tendresse, pour y apprendre à user de délicatesse envers tout ce qui vient à toi et que tu touches, et à créer ainsi autour de toi un espace où les autres se sentent bien, en sécurité.

32.

L'ange de la gaieté sereine

Pour les moines d'autrefois, la gaieté, *hilaritas*, la sereine transparence intérieure, la joie limpide, était le signe d'une spiritualité de bon aloi. Celui qui a reconnu sa vérité propre, qui a fait l'expérience des sommets et des profondeurs qui sont les siens et se sent pleinement accepté, de celui-là émane une telle *hilaritas*. Il ne va plus à travers le monde en portant le masque d'un sérieux mortel. Rien d'humain ne lui est plus étranger ; il sait que tout a sa place et son refuge, y compris sa propre faiblesse et tous les errements des humains. C'est un rayonnement qui vient de l'intérieur, parce que tout en lui est illuminé par l'éclat de l'amour divin, qui réchauffe et guérit. La joie est sérénité : un ciel serein est à la fois pur, clair et calme. L'être plein d'une joie sereine répand autour de lui une claire lumière, qui chasse les nuages dont la tête des hommes est enténébrée.

La gaieté sereine, ce n'est pas simplement un trait de caractère que l'on apporte en venant au monde. Elle naît d'une grande confiance, celle que donne la certitude d'être accepté sans conditions tel que l'on est, et qu'en fin de compte tout est bien ainsi. Elle naît aussi du courage qu'il faut à l'homme pour regarder en face sa propre vérité. Être chrétien, c'est être convaincu que seul peut émettre cette joie rayonnante celui qui a laissé pénétrer la lumière divine jusqu'au fond de ses abîmes. Il n'y a plus rien en lui d'obscur qu'il devrait dissimuler, d'abyssal dont il devrait avoir peur. C'est libre de tout souci qu'il traverse le monde. Il ne s'agit pas là d'un optimisme béat, mais d'une attitude qui résulte de la rencontre avec la vérité. Parce qu'il a regardé en face sa propre vérité, un tel être n'a plus à se casser la tête sur les problèmes et les dangers qui pourraient survenir. Il n'est pas obsédé par ce qu'il y a de ténébreux dans ce monde, car il voit toutes choses plongées dans la lumière divine. Il espère et croit que cette lumière qui a triomphé dans son cœur s'imposera aussi dans le monde.

Une telle gaieté est contagieuse. Au voisinage d'un être qui en est rempli, il est impossible de s'entretenir de la fin du monde, ni de se lamenter sur ce qui n'y est pas en ordre. Il ne se cache pas les yeux devant la réalité concrète de ce monde ; il n'en refoule pas la face obscure. Mais il voit tout dans une autre perspective, en dernière analyse celle de l'esprit, dont le regard transperce les ténèbres jusqu'à y retrouver, tout au fond, la lumière de Dieu. Il voit tout dans la perspective de son ange, qui perçoit la réalité de ce monde telle qu'elle est, mais réussit malgré tout, porté par ses ailes, à s'élever au-dessus de lui et à en considérer toutes les pesanteurs sans perdre sa sérénité joyeuse. L'être qui est plein de celle-ci est inaccessible à la crainte ; il porte en lui la paix, et il n'est pas si facile de le renverser. Qui s'entretient avec un tel être peut se sentir intérieurement clarifié et rasséréné, voir tout à coup sa propre vie et son entourage avec d'autres yeux. Un tel voisinage fait du bien. On sait combien déprimants peuvent être les gens qui voient tout à travers des lunettes noires, qui sont obsédés par les aspects négatifs qu'ils découvrent partout. L'être joyeux et serein répand la clarté ; près de lui, on se sent soudain léger. Aussi te souhaité-je, ami lecteur, de rencontrer beaucoup d'anges de la joie sereine. Et je souhaite que l'ange de la joie sereine t'apporte la clarté intérieure, dissipe tes nuages et te rende toi-même serein, joyeux, lumineux, afin que le monde autour de toi le devienne aussi.

33.

L'ange du don de soi

Les enfants sont capables de se donner tout entiers à leurs jeux, sans s'y laisser perturber par quoi que ce soit. Ils s'oublient eux-même en jouant, ils se perdent dans le jeu. Les artistes de l'âge baroque ont souvent représenté les anges sous les traits d'enfants tout à leur jeu. L'ange de Noël que Matthias Grünewald a peint sur le retable d'Issenheim est tout entier occupé à jouer de sa viole de gambe. Pour Grünewald, selon l'historien de l'art Wilhelm Fraenger, les anges sont « les vases de la joie et de l'extase célestes [...], l'expression parfaite d'une félicité qui se répand avec allégresse ». Ainsi donc, dans l'art, les anges sont des maîtres en matière de don de soi. Ils sont tout à l'instant, ils se donnent complètement à ce qu'il sont en train de faire. D'un rabbi, les juifs disaient après sa mort que le plus important pour lui, ç'avait toujours été ce dont il s'occupait dans l'instant présent. À l'évidence, il avait été initié à cet art par l'ange du don de soi.

Un chercheur peut se donner tout entier à son travail ; il ne lâche pas prise tant qu'il n'a pas trouvé la solution de son problème. Un artisan peut faire son métier en s'y donnant à fond. Mais, en dernière analyse, le don de soi est tout particulièrement à sa place dans deux domaines privilégiés : le rapport amoureux, sexuel, et le rapport mystique à Dieu. C'est dans l'abandon amoureux que se manifeste avec le plus d'évidence le sens qu'a, d'une façon générale, le don de soi dans la vie humaine. L'acte sexuel, c'est le don de soi porté à sa culmination. Les partenaires s'y oublient eux-mêmes, ils se projettent tout entiers sur l'autre, en l'autre, dans un élan fusionnel. Celui qui s'y donne renonce à rester centré sur lui seul. Il ne se cramponne plus à lui-même, par angoisse de se perdre. Se perdre, il le peut, parce qu'il sait que c'est dans des bras aimants.

Ce qui culmine ainsi dans la sexualité s'accomplit dans tout amour, quel qu'il soit. Qui aime un être se donne à lui sans réserve ; ce qu'il veut, ce n'est pas de rester enfermé en lui-même, mais être tout entier en l'autre, parce que l'autre signifie tout pour lui. Un tel don de soi permet de faire l'expérience d'une richesse nouvelle. D'un tel don fait à l'autre, on est récompensé par une plénitude, un élan vital, une liberté inconnus auparavant. Bien des gens sont incapables de se donner, par méfiance. Ils craignent de se perdre, que l'autre n'abuse peut-être de leur don. En sont incapables ceux qui, par peur de se tromper, de donner prise sur eux, voudraient garder la maîtrise en toutes choses, le contrôle de leurs sentiments, de leurs relations partenariales, de leurs paroles, de leurs actes. À ceux-là il manque quelque chose d'essentiel pour réussir leur vie. Qui ne sait pas se donner restera finalement toujours seul, enfermé en lui-même. Il est incapable de rencontre. Sans le don de soi on ne peut pas aimer, et on ne peut donc pas vivre.

Des saints, on dit qu'ils se sont donnés tout entiers à Dieu. Ils se sont mis à sa disposition. En le priant, ils lui ont demandé de faire d'eux ce qu'il voudrait. Il nous est difficile de les suivre dans une telle prière, jusqu'à un si radical abandon. Mais c'est par lui que les saints ont accédé à la liberté. Ils pouvaient alors marcher en toute confiance vers l'avenir. Ils savaient que tout ce qu'Il leur destinait serait bon, en dernière analyse. On connaît la célèbre prière de Nicolas de Flüe : « Ô mon Dieu, mon Seigneur, enlève-moi à moi-même et prends-moi tout entier en ta possession. » Cette prière a fait de lui un mystique, parfaitement transparent et perméable à la réalité qui est au-delà de notre réalité. Et c'est ainsi qu'il a pu devenir pour ses contemporains un pacificateur, un ange qui leur montrait un chemin nouveau, en se tenant lui-même à l'écart de tous les litiges et en voyant toutes choses à partir de Dieu.

Ce don de soi ne signifie pas un abandon, mais une redécouverte de soi en Lui. C'est, dit Jésus, la condition nécessaire pour que notre vie puisse porter des fruits. Il arrive que des êtres pieux utilisent toute leur activité religieuse pour rester attachés à eux-mêmes, à leur sécurité, à leur salut. Mais alors leur vie devient stérile ; ils ne connaîtront jamais la richesse et l'élan vital qui naissent du don de soi.

Je souhaite, ami lecteur, que l'ange du don de soi t'enseigne l'art de te donner tout entier à tes tâches, aux êtres que tu aimes, et à Celui qui est l'amour même. Tu en seras richement récompensé. Ce don te conduira vers la liberté, et tu sauras, avec une certitude sans faille, que ta vie est sur la bonne voie. Tu peux t'abandonner à cette chute : tu te sentiras porté. Cette cuirasse psychique que tu as formée en t'agrippant à toi-même s'effondre. Tu te sentiras plein de vie, le cœur large ; ta vie deviendra féconde. C'est en te donnant que tu t'épanouiras.

34.

L'ange de l'harmonie

Établir l'harmonie, l'accord : pour le psychologue, voilà qui est pour le moins suspect. Les gens qui sont incapables d'assumer un conflit, qui ne supportent pas la moindre divergence d'opinion veulent toujours faire disparaître sous la table tous les sujets de discorde, rétablir l'harmonie. Mais cette « harmonie », elle est artificielle, fabriquée, et n'avance à rien. En effet, les problèmes continuent à s'infecter et referont surface. Qui s'y prend ainsi a peur de la vérité. Il ne peut pas supporter les querelles. Si la querelle est chargée pour lui d'une telle valeur négative, c'est peut-être parce que, pendant son enfance, il a souvent vu ou entendu ses parents se quereller. Il en est résulté chez lui la peur d'être abandonné, de perdre la protection et le sentiment de sécurité que les parents doivent donner à l'enfant. C'est pourquoi toute querelle déclenche en lui la peur de sentir le sol se dérober sous ses pieds. Il cherche alors à rétablir l'harmonie, il tente d'expliquer qu'au fond il n'y a même pas de conflit du tout, et que tout le monde a raison. Encore pire est la façon de faire de celui qui ne cesse de lancer des appels moralisateurs : nous devons nous entendre, voyons, puisqu'en tant que chrétiens nous aimons tout le monde.

Ce que l'ange de l'harmonie veut nous apprendre, ce n'est pas à fabriquer ainsi de l'harmonie à tout prix ; c'est d'abord l'art de vivre en harmonie, en concordance, en accord avec nous-mêmes. Le mot grec *harmózein* veut dire assembler, rassembler. On parvient à l'harmonie en rapprochant, en rassemblant toutes les oppositions que l'on porte en soi. Il s'agit d'abord d'en prendre conscience, et de les admettre ; alors, on n'en est plus déchiré. Il s'établit une relation entre les contraires ; chaque corde doit pouvoir rendre le son qui lui est propre, et c'est ainsi que naît la consonance, l'harmonie intérieure, l'accord avec tout ce que l'on est. Il ne faut rien refouler en soi-même, rien exclure de l'harmonie ; tous les sons ont le droit de se faire entendre. Toujours, quand on essaie de réprimer certains éléments : la colère, ou l'angoisse, par exemple, le son qui leur est propre manque dans la consonance de l'âme. Le résultat n'est pas une véritable harmonie.

Celui qui est en accord avec lui-même peut aussi créer l'harmonie au dehors. Ce n'est pas une harmonie artificielle, telle que la produit la volonté de gommer les conflits ; elle naît du rapprochement de tous les points de vue et de tous les points de discorde, de tous les êtres qu'ils opposent. On n'essaie pas de cacher quoi que ce soit sous la table ;

les divergences sont regardées en face et formulées de plus en plus clairement. On tient compte de chaque opinion, sans porter aussitôt un jugement sur elle ; chacun peut faire entendre sa voix, dans une discussion ouverte et poussée jusqu'au bout, jusqu'au moment où les problèmes trouvent une solution acceptable pour tous, vivable pour tous sans qu'aucun n'entre en dissonance avec lui-même. On ne fabrique pas de l'harmonie, on trouve un chemin sur lequel tous peuvent avancer ensemble en dépit de leurs points de vue divergents.

Les êtres harmonieux savent créer autour d'eux aussi un climat où tous travaillent avec plaisir. Chaque dissonance est suivie d'un accord. Qui est en accord avec lui-même n'a pas besoin d'intriguer et de dresser les uns contre les autres. Il émane de lui une atmosphère de clarté et de consonance ; chacun alors sent qu'il est considéré, et qu'il a le droit de jouer sa partie dans la grande symphonie de l'entreprise ou de la communauté. De tels anges de l'harmonie sont une bénédiction pour le milieu où ils vivent. Je souhaite donc, ami lecteur, que l'ange de l'harmonie fasse de toi aussi, pour les autres, un ange semblable à lui, et que tu leur donnes le courage de faire entendre leur son le plus personnel.

35.

L'ange de la clarté

Certains êtres ont la faculté de formuler avec une grande clarté, dans une discussion, quel en est l'objet véritable. Ils écoutent les arguments ; ils perçoivent les affects qui entrent en jeu ; puis ils indiquent clairement où est le fond du problème et d'où pourrait venir la solution. Ou bien, dans une conversation privée, ils disent tout aussi clairement à leur interlocuteur ce qui lui a jusqu'alors échappé, où se situent ses blocages et ce qu'il devrait changer afin que les choses aillent mieux pour lui. Cela, ils ne l'ont pas appris. Ce ne sont pas nécessairement des psychologues, mais ils ont une claire vision de l'essentiel. Ils parlent peu, mais quand ils parlent, ils touchent juste. Ils élucident ce qui était encore obscur pour leur vis-à-vis. Ce sont des anges de la clarté. Ils ressemblent aux anges de Filippino Lippi, dont le visage reflète la transparence et la clarté.

Or l'ange de la clarté se propose de venir vers toi aussi, ami lecteur, pour développer les dispositions qui dorment en toi. À coup sûr, tu as déjà fait un jour ou l'autre cette expérience : y voir clair, tota-

lement clair. Pour les Anciens, c'était là l'expérience
de l'illumination. On n'aperçoit rien de particulier,
de précis, de concret, mais soudain tout est clair.
On peut dire oui à sa vie ; on sent que tout est
bien ainsi ; on voit, à travers les brumes, jusqu'à
ce fond où tout s'éclaire. De telles expériences sont
toujours un cadeau pour ceux qui les font. Tout est
transfiguré. L'essentiel se révèle à travers le flou des
apparences. Nous entrons en contact avec la vérité
de l'être et avec l'image originelle, authentique, de
notre propre personne.

Qui de nous n'a jamais fait cette expérience :
je vois tout à coup ce que je dois faire, à quoi je
suis appelé, quelle direction mon chemin devrait
prendre désormais. Dans l'instant, je me suis compris moi-même. Peut-être ai-je longtemps ruminé
sur mon propre cas sans pouvoir avancer. Et puis,
soudain, un rayon de lumière est descendu du ciel,
inattendu, et m'a tout éclairé. C'est que j'ai reçu
la visite de l'ange de la clarté, et qu'il m'a ouvert
les yeux sur l'essentiel. Ou bien encore, devant une
décision à prendre, je suis resté longtemps sans
savoir que décider ; tant de choses allaient dans un
sens, allaient dans l'autre sens ! Il me fallait choisir
entre tellement de possibilités, quant à la profes-
sion, par exemple. Et puis tout d'un coup j'ai vu
clairement ce que j'avais envie d'entreprendre ; j'ai
senti très fort la présence de l'ange qui apportait
la clarté dans mon cœur divisé. Ou bien j'ai été
impliqué dans une situation totalement dépourvue
de transparence ; je ne voyais pas ce qu'il en était

en réalité, quel jeu se jouait là ; et puis soudain, tout s'est éclairci : l'ange était passé pour moi.

Ce que veut l'ange de la clarté, ami lecteur, c'est t'aider à voir clair en toi-même, jusqu'au fond de toi-même. Si tu y es entraîné, tu pourras devenir aussi pour les autres un ange de la clarté. Au cours d'une conversation, tu pourras voir d'un coup clairement ce dont l'autre aurait au fond besoin, ce qui lui ferait du bien ; apporter la lumière dans la confusion de ses pensées. Souvent, il t'en sera reconnaissant. Mais une telle faculté de voir clair ne s'apprend pas simplement ; il faut être initié par l'ange de la clarté. Tu peux demander à cet ange de te venir en aide quand un ami ou une amie, en situation difficile, sollicite ton avis. Alors, tu ne t'engageras pas dans une conversation de ce genre en te sentant absolument obligé d'apporter une aide efficace, de résoudre le problème de l'autre ; tu pourras rester calme et confiant, sûr que l'ange va bien t'assister et te souffler la réponse qui éclaire et qui aide. Il se peut que tu restes longtemps sans rien trouver à dire, faute de bien comprendre ; mais ensuite, tu sentiras monter en toi comme une impulsion légère ; tu diras quelque chose, et ce sera juste ce qu'il fallait dire. Tu sauras alors que l'ange de la clarté t'est venu en aide.

36.

L'ange de la lenteur

« La hâte est une invention du diable », dit, dans sa sagesse, un proverbe turc. La paix, la quiétude, nous les qualifions de « célestes ». L'ange de la lenteur peut raviver en nous le souvenir de cette vertu paradisiaque. Le roman qui traite de « la découverte de la lenteur » est devenu un livre phare. À l'évidence, son auteur, Sten Nadolny, a touché le point sensible de notre temps, et sa nostalgie profonde. Non seulement les nerfs de beaucoup de nos contemporains sont à vif, sous l'effet d'un stress permanent, mais même nos âmes subissent des dommages en raison de notre hâte fébrile, de la pression implacable qu'exerce sur nous la nécessité de gérer le temps. S'il faut que tout aille toujours plus vite, si l'on s'efforce, dans le déroulement de son travail, d'économiser minute après minute, si l'on ne se permet plus aucune pause, si l'on ne cesse d'appuyer sur l'accélérateur, alors un correctif s'impose : découvrir la lenteur. Il y a bien des choses à redécouvrir en même temps que la lenteur et le calme, et à travers eux. Nous avons besoin de ralentir !

Si nous observons une panthère dans sa cage, nous admirons la lenteur souveraine de ses mouvements. Nous savons que dès l'instant suivant elle est capable de se jeter sur une proie, avec une rapidité incroyable. Mais elle a le temps, elle prend son temps. Chez nous, le temps c'est de l'argent. Nous devons en économiser le plus possible pour le réserver à des occupations plus importantes. Or la question est de savoir ce qui est pour nous le plus important. Avec ce qu'il nous reste de temps disponible, bien souvent nous ne pouvons même pas entreprendre quoi que ce soit. Presque toujours, nous nous sentons talonnés. Mais où allons-nous donc ? Nous sommes devenus les victimes de notre propre agitation fébrile ; c'est ainsi qu'elle finit par s'insinuer jusque dans notre temps libre. Là aussi, il nous faut accumuler le maximum d'expérience vécue dans un minimum de temps. Or cette accélération permanente fait que bien des gens désapprennent à vivre, à éprouver encore quoi que ce soit. Ils ne se sentent vivants qu'au milieu de la plus grande agitation ; la vie elle-même, ils ne la perçoivent plus. Ils n'ont plus de perception d'eux-mêmes, de leur souffle, de leur corps, des mouvements de leur cœur. Or « l'oisiveté est la mère de tout amour », comme l'a écrit la poétesse Ingeborg Bachmann.

À cette oisiveté-là, on peut s'entraîner dans le courant même du quotidien. Marcher lentement, percevoir consciemment chaque pas que l'on fait, ne pas se laisser presser – par quoi que ce soit –, cela nous permet d'être tout entiers dans l'ins-

tant présent, nous le fait vivre avec intensité, et
nous conduit vers la paix intérieure. La lenteur a
sa beauté propre. Quand une femme se promène
posément dans la rue, tous les hommes la suivent
des yeux. Elle peut se permettre de marcher lentement ; elle savoure chacun de ses pas. Celle qui
traverse au contraire en hâte la zone piétonne ne
veut pas être regardée ; ce qu'elle veut, c'est traverser la foule au plus vite pour atteindre son but.
Elle n'est pas vraiment là où elle marche, dans son
corps. Elle est tout entière orientée vers l'endroit
où elle se rend ; elle en perd la faculté de se percevoir elle-même, de se fêter elle-même. Pour la
philosophie stoïcienne, notre vie est une fête permanente. Nous fêtons le fait d'être des hommes, dotés
d'une dignité divine. Dans la lenteur de nos mouvements, nous percevons quelque chose de cette
fête. Nous marchons lentement, nous abordons les
choses avec lenteur, nous nous laissons le temps
qu'il faut pour une conversation. Nous prenons le
temps de manger, bien lentement, consciemment.
Et nous sentons alors toute la saveur des mets ;
nous sommes capables de savourer. Nous célébrons
une fête même quand nous mâchons lentement une
simple tranche de pain.

L'ange de la lenteur se propose de t'initier,
ami lecteur, à l'art de vivre avec intensité, à l'art
d'*être*, tout simplement. Essaie, pour commencer,
consciemment, de marcher moins vite, quand, au
travail, tu passes de la porte d'un bureau à celle d'un
autre. En te promenant, essaie de percevoir chaque

pas que tu fais ; de sentir que tu touches la terre et que ton pied la quitte. Essaie de prendre ta tasse lentement et consciemment. Le soir, déshabille-toi avec lenteur. Tu verras que tout alors devient symbole ; que se défaire de ses vêtements, c'est se défaire du jour qui s'achève et de toutes ses peines. Le matin, essaie de faire lentement ta toilette, de savourer l'eau froide qui te ranime ; puis, habille-toi avec lenteur. Cette lenteur, elle est prévue dans la liturgie. En revêtant la chasuble, le prêtre dit : « J'endosse le vêtement du salut. » Ainsi tu sauras, ami lecteur, mettre avec un plaisir conscient les vêtements dont tu t'équipes et te pares pour la journée. Et tu pourras remercier Dieu, avec le Psaume 139 : « Je te rends grâce pour tant de prodiges : merveille que je suis, merveille que tes œuvres » (Ps. 139, 14). C'est ainsi que l'ange de la lenteur veut t'introduire à une vie consciente et attentive, et t'initier à l'art de célébrer ta vie comme une fête permanente.

37.

L'ange du repli

Au IVe siècle, l'Église connut un grand mouvement de repli. Les moines étaient las du tumulte du monde, et déçus par l'embourgeoisement de leur institution. Ils se replièrent dans le désert pour vivre isolés du monde, dans la solitude, affronter leur propre vérité et suivre leur désir le plus ardent : faire dans la prière l'expérience de Dieu et de la fusion avec lui. Chose singulière : ceux-là précisément qui s'étaient ainsi retirés exercèrent une immense influence sur le monde. De Rome et d'Athènes, des troupes de pèlerins et d'êtres en quête d'assistance prirent le chemin des déserts d'Égypte pour y consulter les Pères ermites. À l'évidence, ils sentaient que ces hommes, qui avaient eu le courage de se retirer du monde et d'affronter ce qu'ils étaient en vérité au regard de Dieu, en savaient plus long sur la condition humaine que les philosophes et les médecins plongés dans le tumulte du monde.

De temps en temps, chacun de nous sans doute a besoin de se retirer loin du bruit et de l'agitation fébrile de la vie quotidienne pour éviter d'être

complètement absorbé par eux. Nous fonctionnons
encore, mais nous ne vivons plus, nous ne sommes
plus nous-mêmes. Or lorsque nous nous retirons en
un lieu de silence, il peut arriver que nous empor-
tions avec nous tout le bruit du monde qui est
le nôtre, et que la confrontation avec tout ce qui
monte en nous ne soit rien moins qu'agréable. Il
faut alors quelque temps pour que nous soyons libérés de nos problèmes quotidiens. C'est seulement
ensuite que commence la retraite intérieure. Nous
nous reprenons nous-mêmes, nous nous retirons de
ce que nous faisions, de ce dont nous étions occupés. Nous entrons en contact avec nous-mêmes, et
nous découvrons ce qui nous agite tout au fond
de notre cœur, notre propre vérité. Elle est parfois
douloureuse ; mais si nous la regardons en face et la
tendons vers Dieu, qui nous accepte tels que nous
sommes, alors nous faisons aussi l'expérience de la
joie et de la liberté intérieures. Nous éprouvons
notre unicité ; nous sentons que nous avons une
valeur, une importance, parce que nous sommes
capables d'imprimer à ce monde une marque que
chacun de nous est seul à pouvoir y laisser. Et peut-
être découvrirons-nous alors en nous-mêmes une
source, intarissable et jaillissante parce que divine :
celle de l'Esprit-Saint.

L'ange du repli, de la retraite souhaite donner
à chacun de nous le courage de s'écarter de son
conjoint, de son amie. À vivre toujours avec un
autre être, nous avons tôt fait de nous sentir à
l'étroit, collés l'un à l'autre, ce qui ne fait de bien ni

à l'un ni à l'autre. Nous avons besoin d'espace et de liberté, afin que chacun puisse respirer et apporter ce qui lui est propre à la communauté. Il se peut qu'alors nous nous entendions reprocher ce repli par notre partenaire ; mais je connais nombre de gens qui ont fait l'expérience : ils ont constaté qu'elle avait été favorable même à la vie commune, parce qu'ils étaient redevenus eux-mêmes. Il s'agit d'une sorte de cure qui nous permet de reprendre contact avec nos propres ressources et qui ranime la vie à deux. On retrouve l'imagination et le goût qu'il faut pour entreprendre du neuf avec son partenaire : mari, femme, ami, amie ; pour l'aborder dans des dispositions nouvelles. En nous retirant ainsi, nous sentons que nous ne pouvons plus nous définir à partir de l'autre seul, que nous avons besoin d'un enracinement plus profond, de la source qui nous est propre, de Dieu qui a fait de nous un être unique.

Je souhaite donc, ami lecteur, que l'ange du repli t'enseigne le moment où vient pour toi le temps de te retirer. Et je souhaite que tu sentes alors que tu n'es pas seul, que l'ange se tient à tes côtés et qu'il ouvre à ta vie un nouvel horizon.

38.

L'ange de la vigilance

L'ange de la vigilance est apparenté à l'ange de la lenteur. Les auteurs d'ouvrages de spiritualité affectionnent aujourd'hui cette notion de vigilance. Plus que tout autre, le moine bouddhiste vietnamien Thich Nhat Hanh revient sans cesse sur l'art de vivre en état de vigilance. Pour lui, toute la sagesse du bouddhisme consiste à faire passer dans chacun des actes de la vie quotidienne l'énergie spécifique de la vigilance. Dès son temps de noviciat, il a appris à accomplir avec attention tous les actes de la vie courante. Tout son entraînement quotidien, toute son ascèse consistait à rester attentif : en respirant, en marchant, en rinçant son bol, en se lavant les mains. Chaque fois qu'il se les lavait, il pensait : « Sur ces mains, de l'eau coule. Je veux en user avec discernement, afin de sauvegarder ce trésor de notre planète. »

La vigilance, c'est une forme d'attention et de respect portés aux choses et aux actes ; c'est l'état de celui qui veille, et qui s'éveille. Celui qui prête attention à sa respiration, à la direction qu'il donne

à ses pas, à la manière de prendre en main sa cuillère : qui est tout entier à ce qu'il fait dans l'instant,
celui-là, il s'éveille. Le nom même de Bouddha ne
signifie-t-il pas « l'Éveillé » ? Notre moine pense que
beaucoup d'entre nous passent leur vie dans une
sorte de sommeil, sans remarquer ce qu'ils sont en
train de faire. Ils se sont fait une représentation
illusoire de leur propre vie, et ne sont pas en contact
avec la vraie réalité de celle-ci. La vigilance a pour
fonction de nous mettre en contact avec les choses
et les êtres. On demandait un jour à un moine
zen quelle était sa pratique de la méditation ; il
répondit : « Quand je mange, je mange. Quand je
suis assis, je suis assis. Quand je suis debout, je suis
debout. Quand je marche, je marche. – Mais il n'y
a rien là de particulier ! Cela, nous le faisons tous »,
répliqua le questionneur. Et le moine de répondre :
« Non ! Quand tu es assis, tu es déjà debout, et
quand tu es debout, tu es déjà en route. »

C'est en cela que consiste l'exercice de méditation : être attentif à ce que je suis en train de faire,
tout simplement. Je constate alors que la vigilance
est une force spirituelle qui donne à ma vie un goût
nouveau. J'ai le sentiment que je vis moi-même, au
lieu d'être vécu ; et je sens que la vie est un mystère
de profondeur et de joie.

L'attention vigilante est sœur de l'estime, du respect. Je suis attentif à ma respiration, parce que
j'y sens le souffle de Dieu qui pénètre mon corps
entier de sa chaleur salutaire et me remplit de vie.
Je prends en main avec attention mon outil de tra

vail, parce que je perçois en lui l'effort de celui qui l'a fabriqué. Je traite avec attention les fleurs dans ma chambre, parce qu'en elles je touche du doigt le mystère de la création et le Créateur lui-même.

Non seulement pour les moines zen mais aussi pour les moines occidentaux, la vigilance est la caractéristique des êtres qui vivent selon l'esprit. Saint Benoît, lui aussi, invite ses moines à user avec un soin attentif des outils du couvent. Tout y est précieux, tout y est ustensile sacré. Cependant, il nous arrive à nous aussi, les moines, d'être oublieux de la vigilance. Nous aussi, nous sommes bien souvent inconscients en nous servant de nos livres, de nos ustensiles de cuisine, de nos outils. Nous aussi, souvent, nous claquons les portes par inattention. Tous, sans doute, nous avons donc besoin, dans l'inattention et l'inconscience de notre vie quotidienne, que l'ange de la vigilance sans cesse nous effleure, nous éveille et nous rappelle que nous devons être tout à l'instant présent, à ce que nous sommes en train de faire.

La vigilance dans tous les actes, voilà qui fait passer sur ma vie comme un souffle de tendresse. Je suis tout entier présent, uni à moi-même et aux choses. Mais cette vigilance, ce n'est pas un simple cadeau qui nous serait fait. Nous devons nous y entraîner jour après jour. Elle devient l'instrument de mesure de ma spiritualité. Je peux bien prononcer toutes les paroles pieuses que je voudrai, ou faire de belles conférences sur la spiritualité : si la vigilance n'y est pas, ce ne sera jamais que vain

bruit. Je souhaite, ami lecteur, que l'ange de la vigilance t'initie toujours davantage à cet art, afin que
tu découvres le plaisir de vivre en faisant tout ce
que tu fais avec attention et respect, parce que tout
le mérite, étant la merveilleuse création de Dieu,
remplie de Son esprit.

39.

L'ange de la douceur

Pour moi, la douceur de la lumière automnale est toujours l'image d'un être qui porte sur lui-même et sur les autres, sur toutes les faiblesses et les fautes humaines, le regard de la douceur. Par ce regard, il plonge toutes choses autour de lui dans une douce lumière. Dans la lumière de l'automne, tout devient beau ; sur les arbres, les feuilles multi-colores brillent de tout leur éclat ; même l'arbre dénudé est beau. Toutes choses apparaissent dans l'éclat qui leur est propre. Je connais des personnes âgées qui répandent autour d'elles une telle douceur. On aime parler avec elles. On se sent bien auprès d'elles, autorisé à être tel que l'on est, approuvé dans son être. « Tout est bien ainsi, après tout. » Ces êtres vieillissants, la vie les a souvent ballottés, malmenés ; mais maintenant, leur automne venu, ils portent sur toutes choses le regard de la dou-ceur. Rien d'humain ne leur est resté étranger ; c'est pourquoi ils ne portent pas de jugement. Ils laissent tout ce qui est tel que c'est, puisque c'est ainsi, apparaître dans la lumière douce de l'automne.

La « douceur » s'oppose à la dureté, à l'acidité, à l'amertume, à la rudesse. Doux, on ne l'est guère par nature. La douceur présuppose que l'on ait été travaillé par la vie. Le grain est dur, et ne devient moelleux qu'après avoir été moulu. Ces vieux pleins de douceur sont passés entre les meules de la vie ; ils ont connu les crises, le désespoir ; ils ont traversé de sombres défilés ; ils se sont usés à lutter contre leurs faiblesses, leurs fautes, et sans cesse ils ont perdu. Sans cesse, pourtant, ils se sont relevés et ont continué à lutter. La meule de leur destinée leur a ôté leur rudesse première ; ils ne se sont pas rebellés contre la meule. Ils ont accepté d'être moulus, et c'est ainsi qu'ils ont accédé à la douceur. Peut-être ont-ils fait l'expérience de l'ange, telle que l'a formulée Werner Bergengruen dans sa *Prière à l'ange* :

Ange, mon frère, chaque nuit,
avant que ne me saisissent les démons,
tes ailes, ô protecteur,
ont allumé des aubes rougeoyantes...

Tu m'as porté, fraternel,
à travers la rougeur d'un pays infernal,
sur une falaise abrupte
tu m'as taillé des degrés,
tu m'as préservé des cordes et des balles,
tu as fendu des murs devant mes pas,
et quelque fardeau que j'aie été pour toi,
toujours tu m'as gardé fidélité,
et je ne t'ai pas remercié ni salué.

Sois, ô Ange, mon compagnon
par le crépuscule sauvage
de toutes les routes,
Ô Ange, arrache-moi hors du temps.

Ange, conduis-moi, comme tu voudras,
une fois encore. Puis tu seras libre.

Enlève cette pierre de ma poitrine.
Ange, ne me laisse pas seul.

À l'évidence, le poète a senti que l'ange de la douceur l'avait porté à travers tous les enfers, tous les ravins, l'avait broyé comme une meule et lui avait enseigné la douceur.

La douceur et la tendresse sont sœurs. Pour ce moine-écrivain déjà mentionné, Évagre le Pontique, la douceur d'âme est la caractéristique de l'être spirituel. Une ascèse qui ne fait que rendre l'homme dur et satisfait de sa propre justice est sans valeur. Seul a compris ce qu'était la voie de l'esprit celui qui a la douceur de David, de Jésus. Qui juge les autres avec dureté n'a pas vraiment surmonté ses défauts et ses faiblesses ; il les a combattus par la violence, et n'a fait que les réprimer. Et maintenant, il use de la même violence envers les autres ; il projette sur eux ses passions réprimées. Il n'est pas passé entre les meules du moulin de la vérité, et c'est pourquoi il n'est pas devenu tendre, doux et fluide.

Je te souhaite, ami lecteur, que la vie te permette de rencontrer de tels anges de la douceur. Tu sentiras quel bien ils te font. Peut-être en connais-tu déjà. Recherche alors leur voisinage, parle avec eux, demande-leur comment ils sont devenus tels qu'ils sont. Tu pourras alors apprendre d'eux ce regard de la douceur qui plongera ta vie dans une délicate lumière automnale et conférera à tout ton être, jusque dans ses échecs, une beauté et une dignité propres. Et si tu es allé à l'école de tels êtres, tu pourras peut-être devenir toi aussi un ange de la douceur pour ceux qui se déchaînent contre eux-mêmes, se condamnent et sont désespérés par leurs fautes. Tu n'auras pas besoin de leur dire grand-chose. Ils sentiront peut-être, à la douceur de ton regard, qu'eux aussi ils peuvent voir leur propre vie avec d'autres yeux : non plus ceux de la dureté qui juge, mais ceux de la douceur qui répand sur toutes choses la lumière délicate de l'automne.

40.

L'ange de l'humilité

Les Germains avaient traduit le mot latin *humilis* par *diomuoti*, qui signifiait, dans leur système d'allégeance, « disposé à servir, » à se faire le serviteur de celui à qui l'on avait juré fidélité. Ils avaient interprété à leur façon la notion latine d'*humilitas*, dans le sens d'une disponibilité envers autrui, envers la vie, ce qui implique que l'on se libère de soi-même, que l'on fasse abstraction de soi ainsi que de ses propres besoins, pour s'engager au service d'autrui. Cependant, cette interprétation, de même que le mot allemand moderne pour humilité, *Demut*, ne recouvre pas dans toute son ampleur la notion biblique d'*humilitas* ; elle n'en restitue qu'un seul aspect.

Le mot latin *humilitas* vient de *humus*, la terre, le sol. Il désigne la disposition à nous réconcilier avec la vérité de notre condition : l'homme est né de la terre, il est fait de chair et de sang, de pulsions et de besoins absolument vitaux. Un être dépourvu de cette disposition à regarder sa propre vérité en face est un aveugle. C'est ce que nous montre la fameuse histoire de la guérison de l'aveugle-né, dans l'Évangile de Jean, 9. Cet être a connu, semble-t-il, une enfance tellement terrible qu'il ne lui restait plus d'autre ressource que de fermer les yeux sur la réalité. Pour survivre, il s'est fait un monde à sa convenance ; face aux images négatives que les autres avaient déversées sur lui, il s'est fabriqué un idéal élevé. Mais cette image idéale ne correspond pas à la réalité qui est la sienne, et c'est pourquoi il est obligé de fermer les yeux. Et voici que Jésus le guérit en crachant sur le sol, sur l'*humus*, et en faisant une boue mêlée de terre et de salive. Avec cette boue peu ragoûtante, il frotte les yeux de l'aveugle, comme pour lui dire : « Mais toi aussi, tu es fait de terre. Réconcilie-toi avec la fange qui est en toi. Alors seulement, tu pourras voir. Il te faut accepter avec courage la vérité : ton humanité terrienne. Alors tu pourras traverser le monde les yeux ouverts. »

L'humilité comprise comme le courage de regarder sa vérité en face est pour les moines un signe caractéristique de la spiritualité. Qui a suivi dans l'arrogance le chemin de l'esprit et se met au-dessus des autres, de ceux qui sont dominés par leurs humeurs et leurs pulsions, n'a pas encore fait la rencontre de sa propre vérité. Cela, Hermann Hesse le décrit de façon fascinante dans son récit intitulé *Siddhartha*. On y voit Siddhartha se soumettre d'abord à une rude ascèse, et échouer. Il part ensuite à travers le monde et y vit tous ses désirs jusqu'à satiété. Rassasié de cette vie, il se retire enfin de nouveau. Au bord d'une rivière, il connaît soudain la grande illumination. Il voit les hommes, ces enfants, traverser la rivière sur une barque ; autrefois, il se serait senti au-dessus d'eux, mais maintenant il partage leurs sentiments ; il se sent en union, en unité avec eux, exactement comme eux. Il éprouve en face d'eux de la compassion, mais aussi de l'espérance. Il ne condamne personne ; il sait qu'à eux tous s'adresse un amour, plus grand que tout, qui a le pouvoir de transmuer toute chose. L'ange de l'humilité l'a pris à son école, et lui a enseigné qu'il ne pouvait faire l'expérience de l'unité avec les hommes et avec lui-même que s'il était prêt à descendre vers eux et vers sa propre vérité.

Les êtres humbles, ce ne sont pas ceux qui s'humilient et qui se dérobent à toutes les tâches par manque de confiance. Ce ne sont pas ces bossus qui se dévalorisent eux-mêmes en adoptant par erreur une attitude de servilité. Les humbles, ce sont ceux qui ont le courage d'affronter leur propre vérité, et qui se présentent donc avec modestie. Ils savent que tous les abîmes de ce monde sont aussi leurs propres abîmes ; aussi ne condamnent-ils personne. Comme ils se sont penchés jusqu'à la terre de leur propre vérité, ils peuvent devenir des anges de l'humilité, capables de redresser ceux dont les échecs ont courbé le dos.

L'*humilitas* est apparentée aussi à l'humour. Les humbles ont de l'humour ; ils savent rire d'eux-mêmes, ils ont une distance en face d'eux-mêmes.

Ils savent porter sur leur propre être un regard serein, parce qu'ils se sont autorisés à être simplement ce qu'ils sont : des fils de la terre et des fils du ciel, avec leurs défauts et leurs faiblesses, mais une valeur aussi qui les rend dignes d'amour. Je souhaite, ami lecteur, que l'ange de l'humilité te donne le courage de t'accepter et de t'aimer toi-même dans ton humanité terrienne. Alors tu répandras sur tous ceux qui t'entourent l'espérance et la foi en l'avenir. L'ange de l'humilité créera autour de toi un espace où les hommes trouveront le courage de descendre vers leur réalité, afin de s'élever ainsi vers la vérité de la vie.

41.

L'ange de l'accomplissement

L'accomplissement : ce mot peut prendre plusieurs sens. Nous désirons ardemment voir nos souhaits se réaliser, tout en sachant que nul être humain ne peut apporter un accomplissement total à ce qu'ils ont de plus profond. Quand nous aimons un être, nous nous sentons certes comblés par son amour. Mais en même temps croît en nous le désir d'un amour absolu, d'un sentiment de sécurité absolue, d'un ancrage absolu. Or l'être humain, dans sa finitude, ne peut nous faire don de l'absolu. Depuis toujours, les hommes ont appelé les anges à l'aide lorsqu'ils voulaient voir leurs souhaits s'accomplir. Ils ont senti qu'ils n'y suffisaient pas à eux seuls. Assurément nous pouvons satisfaire notre désir d'un nouveau vêtement, d'une nouvelle voiture, pourvu que notre compte en banque soit suffisamment garni. Mais pour voir exaucé le souhait d'une amitié réussie, d'une bonne santé, d'un poste de travail à notre convenance, nous avons besoin de l'ange de l'accomplissement. La chose dépend de puissances supérieures, dont nous ne disposons pas. Chacun alors se tourne volontiers vers son ange, et le prie de l'assister afin que son plus cher désir s'accomplisse.

Accomplir, cela veut dire aussi mener une action à son terme. L'ange de l'accomplissement a pour fonction de nous donner la force de mener à bien ce que nous avons entrepris. Nous ne nous sentons pas bien quand nous faisons les choses à moitié et les laissons en panne : quand il s'agit par exemple de travaux à faire chez nous. Rien de pire qu'une pièce à moitié refaite, et qui le reste. On peut en dire autant d'une lettre à un ami, à une amie, que nous venons de commencer : si nous ne l'achevons pas, nous en serons irrités. Nous avons alors besoin que l'ange de l'accomplissement nous donne la force et la suite dans les idées qu'il nous faut pour aller jusqu'au bout. Ce n'est qu'après l'avoir fait que nous pourrons nous consacrer avec une force nouvelle au projet suivant. Rien de décourageant comme d'entreprendre et de ne pas achever : on ne peut pas vivre toujours dans l'inachevé, le fragmentaire. Notre désir est aussi de voir les choses pleinement accomplies.

Le mot grec pour l'accomplissement est *telos*, *teleos*, qui signifie le but, la perfection, la complétude. Dans l'Évangile de Jean, c'est ce mot qui sert sans cesse à décrire l'amour de Jésus-Christ : « Ayant aimé les siens qui étaient dans ce monde, [il] les aima jusqu'à la fin » (Jean, 13, 1). Et quand il meurt sur la croix, il dit : « C'est achevé » (Jean, 19, 30) : sa mission est accomplie. Cette parole rappelle la formule par laquelle se concluait la célébration des mystères antiques. L'accomplissement signifie alors l'initiation au mystère de Dieu. Lui seul est accompli, et parfait dès l'origine. Quand nous disons d'un être humain que sa vie a été un accomplissement, qu'il est parvenu à son achèvement, cela veut toujours dire aussi qu'il a part à la plénitude de Dieu, qui seul peut permettre d'accéder à l'accomplissement. L'ange de l'accomplissement veut nous initier au mystère de la plénitude achevée, et donc au mystère de Dieu même. Dans tout ce que nous menons à son terme, nous voyons transparaître un peu de la perfection qui réside en Dieu. Nous avons alors l'intuition que notre vie accède à sa complétude. Parfois nous pouvons avoir l'impression que notre vie n'est faite que d'une foule de fragments dont nous ne parvenons pas à faire un tout. Interprétant dans leur piété même leurs propres souffrances, les mystiques juifs ont compris que « seul un cœur brisé est un cœur entier ». L'ange de l'accomplissement veut nous montrer que tous ces fragments dont notre vie est faite s'assemblent en un tout accompli, en une complétude qui signifie le salut. Nous ne sommes plus écartelés entre des souhaits et des besoins contradictoires ; nous sommes entiers, accomplis. L'ange rassemble en nous ce qui est soumis au déchirement, et complète ce qui est demeuré fragmentaire. Il accomplit ainsi notre désir le plus profond : le désir d'unité et de perfection.

42.

L'ange de la persévérance

Souvent, nous formons un projet au début de l'année, de la semaine, du jour. Nous sommes enthousiasmés par un livre que nous avons lu ; sur quoi nous voudrions aussitôt apporter du changement dans notre vie. Ou bien nous avons entendu un conférencier nous expliquer comment mieux disposer de notre temps, comment travailler à atténuer nos défauts. Nous nous mettons alors à l'ouvrage, pleins d'entrain. Mais bientôt ce bel élan se paralyse ; les choses sont trop difficiles, et nous abandonnons la partie. Tout d'un coup, nous n'avons plus envie de travailler sur nous-mêmes. Surtout, nous ne constatons aucun résultat : tout cela ne nous mène nulle part, après tout ; nous savons que nous n'avançons pas. Mais renoncer à poursuivre une résolution, c'est abandonner une partie de soi-même, parce que l'on n'a plus confiance en soi. On baisse les bras. C'est ainsi que s'insinue en nous peu à peu un sentiment d'absurdité ; l'effort n'a pas de sens, tout reste en l'état. Nous ne pouvons pas nous changer, nous améliorer. À un jeune moine accablé de telles pensées de découragement, le vieux père Poïmène disait : « Quel sens y a-t-il à vouloir pratiquer un métier et à ne pas l'apprendre ? » Notre métier, c'est de devenir hommes ; nous devons l'apprendre, et cesser de nous lamenter.

L'ange de la persévérance a pour fonction de nous inciter à poursuivre ce que nous avons entrepris. Un proverbe dit que l'enfer est pavé de bonnes intentions. Si nous ne menons jamais à bien ce que nous entreprenons, nous préparons déjà nous-mêmes notre enfer, ici et maintenant. Alors notre vie devient déjà un feu d'auto-accusations qui nous dévore. Sans persévérance, la vie n'a pas de consistance et ne se développe pas. Si l'on se met au travail sans persévérance, on n'arrive à aucun résultat solide ; on papillonne, on goûte un peu de tout, et rien ne peut prendre tournure. La consistance implique une constance, un enracinement. Jésus lui-même compare les êtres dépourvus de persévérance à un sol rocheux sur lequel tombe la Parole de Dieu : « ... ils n'ont pas de racine en eux-mêmes et sont les hommes d'un moment : survienne ensuite une tribulation ou une persécution à cause de la Parole, aussitôt ils succombent » (Marc, 4, 17). Dès la première difficulté, la première résistance, ils abandonnent la partie, avec ce résultat que peu à peu ils en viennent à ne plus se sentir capables de rien du tout.

Demande-toi, ami lecteur, en quoi tu auras besoin dans les prochains temps de l'ange de la persévérance. Peut-être dans ton travail, où tout ne marche pas comme tu le voudrais ? Si, au lieu de renoncer tout de suite, tu persévères, si tu ne te persuades pas sans cesse qu'il n'y a rien à faire, alors tu verras que la situation peut se transformer complètement. Ou bien s'agit-il d'une de tes faiblesses, à laquelle tu essaies de remédier ? Tu as déjà si souvent résolu de mieux maîtriser ton irascibilité, ou tes problèmes de nourriture ; tout cela n'a jamais servi à rien. Ce qu'il faut faire d'abord, c'est fixer ses buts avec réalisme, et non pas courir après quelque illusion ; c'est voir ce qui peut vraiment être changé, et ce qui relève d'un trait de caractère dont on est bien obligé de s'accommoder. Mais une fois que l'on a décidé de ce que l'on veut changer en soi-même, alors il faut s'y tenir. En cas d'échec, il faut se demander si l'on ne s'y est pas pris de travers, ou si l'on n'a pas été trop exigeant. Dans ce cas, il convient de se fixer des buts plus modestes, mais aussi de persévérer. On voit alors que la persévérance est récompensée. L'ange de la persévérance te donnera, ami lecteur, le sentiment qu'il t'est possible de voir quelque chose en toi se transformer. Il y a un véritable plaisir à persévérer dans ce que l'on a entrepris : on n'est pas purement et simplement assujetti à la réalité telle qu'elle est, on peut faire quelque chose. Il faut rester confiant : on n'est pas seul. Si l'on est tenté d'abandonner la partie, alors il suffit de se retourner : on voit à côté de soi l'ange de la persévérance. Il ne s'écartera pas, jusqu'à ce que notre vie ait acquis un fondement solide, une consistance dans la durée.

43.

L'ange de la confiance

Sans cesse j'entends cette plainte : « Je ne peux pas avoir confiance. Dans mon enfance, je n'ai pas reçu en partage la confiance initiale qui rend confiant. Ma confiance a été si souvent déçue ! Même avec la meilleure volonté, je n'arrive plus à avoir confiance en qui que ce soit. » Ceux qui parlent ainsi sont et restent des solitaires. Ils n'osent pas aller vers autrui, par crainte de connaître encore une fois la déception. Même en l'amour de l'autre, ils n'ont pas confiance ; ils sont dès l'abord pris d'un doute : « S'il m'aime, c'est tout simplement parce qu'il a pitié de moi, ou parce qu'il attend quelque chose de moi, que je lui sers à poursuivre ses objectifs. » À ceux-là, il ne sert pas à grand-chose de dire : « Mais il faut que tu fasses confiance, voilà tout ! » Ils voudraient bien, mais ils ne peuvent pas. La raison en remonte en principe à l'enfance ; or son enfance, on ne la choisit pas. L'un a fait, enfant, l'expérience de la fiabilité de ses parents ; c'est pourquoi non seulement il peut leur faire confiance, mais encore c'est en toute confiance qu'il ira vers les autres. Il a même une confiance fondamentale dans la vie, dans l'être, en Dieu. Il sera capable de mettre sa vie en jeu ; il prendra tel ou tel risque, dans le ferme espoir que tout se passera bien.

Si je te souhaite, ami lecteur, d'être accompagné par l'ange de la confiance, c'est que je pense – avec confiance – que tu n'as pas été tout simplement livré pieds et poings liés à cette méfiance radicale de l'enfant déçu. La confiance, cela peut s'apprendre, à l'école de l'ange. Pour sûr, on ne peut pas simplement décider de devenir confiant du jour au lendemain. La confiance, c'est une plante qui pousse. Il faut faire des expériences positives avec des êtres dont la fiabilité est avérée. Mais il faut aussi être disposé soi-même à se fier à la confiance que les autres vous manifestent. Celui qui regarde d'un œil méfiant son ami, son amie, ne leur laisse aucune chance de démontrer qu'ils ont confiance en lui ; il interprétera négativement tout ce qu'ils diront. Il faut pour le moins faire l'essai de la confiance. Comment alors s'y prendre ? On peut faire comme si la confiance était fondée, justifiée ; tenter l'expérience de voir ce qui se passe si l'on prend pour argent comptant, avec une totale confiance, tout ce que disent l'ami, l'amie. Bien sûr, des doutes s'insinueront alors encore dans la confiance ; il faudra les mettre de côté, dans un premier temps, essayer d'être confiant pendant au moins une semaine ; on verra alors quel bien cela fait, et que cette confiance se révèle de plus en plus justifiée.

Bien entendu, on prend toujours un risque en

faisant confiance. On n'a pas la garantie qu'elle est justifiée. On est aidé par le fait de se sentir porté par une force plus profonde. Même si un être humain abuse de ma confiance, je fais confiance à Dieu, auprès de qui je suis en de bonnes mains. Cette confiance en Dieu me protège et m'empêche de sombrer dans un abîme de dépression au cas où un humain me décevrait.

Depuis toujours, les hommes ont eu confiance en l'ange gardien qui les accompagnait. Ils ne l'ont pas invoqué seulement dans les dangers de la circulation routière, mais aussi chaque fois qu'ils craignaient de voir leur confiance abusée et se demandaient s'ils devaient l'accorder à telle ou telle personne. Je te souhaite, ami lecteur, de sentir constamment près de toi la présence de l'ange de la confiance. Tu n'auras pas alors besoin d'être sûr à cent pour cent que tu peux ou non faire confiance à Untel ou Untel ; la confiance ne sera pas ruinée en toi, même si quelqu'un te déçoit. L'ange continuera à t'accompagner et à te donner le courage de te faire confiance à toi-même, et d'oser faire confiance aux autres ; faire confiance, c'est en effet s'en remettre aux autres sur des points qu'il n'est pas en notre pouvoir de maîtriser.

Comme la confiance implique par essence une prise de risque, il est bon de se savoir accompagné par un ange spécialisé. Il est en contact, lui, avec ce qui échappe à notre pouvoir. Il nous procure la confiance fondamentale dont nous avons besoin à l'égard des autres, une confiance qui ne peut jamais être totalement détruite par les humains, parce qu'elle aussi est soustraite à leur pouvoir.

Cette confiance fondamentale nous donne la liberté d'aller toujours vers les autres dans une disposition confiante. Elle nous donne aussi le pouvoir de prendre des risques, d'engager notre vie. « Qui ose gagne », dit un proverbe. Celui qui, en toutes choses, veut garder a priori le contrôle et la maîtrise verra la vie lui couler entre les doigts. L'ange de la confiance veut nous insuffler une confiance toujours plus profonde dans les hommes et dans la vie. Nous voyons alors que nous ne sommes pas prisonniers de la confiance incertaine qui peut-être nous vient de notre enfance. L'ange se propose de donner à notre confiance un fondement solide sur lequel édifier toute notre existence.

44.

L'ange de la miséricorde

Miséricordieux est celui dont le cœur est ouvert aux pauvres, aux orphelins, aux malheureux, aux esseulés : à tous ceux qui appellent la pitié. C'est le sens même du mot latin *misericordia*. Mais avant d'ouvrir notre cœur aux pauvres, il nous faut d'abord l'ouvrir au pauvre, au malheureux que nous portons en nous-mêmes. Ce que nous devons apprendre en premier lieu, c'est à user de miséricorde envers lui. Quand les Juifs parlent de miséricorde, ils pensent au sein maternel : un Dieu miséricordieux nous porte avec amour dans son sein, comme une mère ; comme une mère, Il sait attendre que, peu à peu, nous nous développions jusqu'à devenir conformes à l'image qu'Il s'est faite de nous. Quand la Bible évoque la pitié de Jésus envers les hommes, elle use souvent du mot grec *splanchnizomai*, qui signifie « être saisi aux entrailles ». Pour les Grecs, les entrailles étaient le siège de la sensibilité vulnérable. Être miséricordieux, c'est donc laisser autrui accéder à cette zone où l'on est soi-même vulnérable. La Bible connaît

encore un autre mot pour désigner la miséricorde :
éléos, la tendresse, la compassion.

User de miséricorde envers soi-même, c'est donc
se témoigner une certaine tendresse, se traiter sans
brutalité, sans colère, sans exigences excessives ; s'accepter en son cœur tel que l'on est devenu, un
faible, un orphelin. Or bien souvent nous sommes
très impitoyables envers nous-mêmes. Nous nous
condamnons quand nous commettons une faute ;
nous nous injurions quand une de nos affaires
tourne mal. Nous portons en nous un juge sans
pitié, un surmoi au cœur dur qui évalue toutes
nos pensées, tous nos sentiments, et qui nous punit
lorsque nous ne satisfaisons pas à ses exigences. Souvent, nous ne parvenons pas à nous imposer en face
de ce juge trop sévère. Alors, nous avons besoin
d'entendre Jésus nous parler d'un Père miséricordieux qui ne rejette pas le fils prodigue, mais fête
au contraire le retour de celui qui s'était égaré et
a retrouvé le chemin, qui était mort et a été rap-
pelé à la vie. Nous avons besoin d'un ange de la
miséricorde qui ôte son pouvoir au juge en nous
et remplisse notre cœur d'un amour compatissant.
Il ne suffit pas de décider par l'entendement et
la volonté que nous allons êtres compatissants ; le
surmoi tapi dans l'inconscient ne désarme pas. Pour
le réduire à l'impuissance, il nous faut être habités
par l'ange de la miséricorde.

Et si nous usons de miséricorde envers nous-
mêmes, nous pouvons apprendre à en user aussi
envers les autres. Je connais beaucoup de gens qui,

par compassion, se mettent au service des malades et des solitaires, mais sont absolument impitoyables envers eux-mêmes. Il y a place dans leur cœur pour tous, sauf pour eux-mêmes. Ils se contraignent à réprimer tous leurs besoins personnels et à n'être là que pour les autres. Mais une telle dureté envers soi-même gauchira l'assistance apportée aux autres ; une revendication possessive s'infiltrera dans l'amour, et ce trop grand amour s'irritera de ne pas se voir dûment rétribué. Pour aimer vraiment un autre être, pour pouvoir lui ouvrir mon cœur, il faut d'abord que j'entre moi-même en contact avec ce cœur et que je l'ouvre au pauvre, au malheureux qui est en moi. Si je ne me juge pas moi-même avec dureté, je ne jugerai pas non plus les autres ; je les accueillerai en mon cœur avec tout ce qu'il y a en eux de malheur, de déchirement, de détresse, d'insignifiance. Alors, mon assistance ne suscitera en eux aucune mauvaise conscience, car ils trouveront en moi une place, un foyer. Je souhaite, ami lecteur, que l'ange de la miséricorde t'enseigne à ouvrir ton cœur à la pauvreté qui habite en toi et dans les autres ; ce cœur alors sera comme un sein maternel où tu pourras croître toi-même et permettre aux autres de croître aussi. Auprès de toi, d'autres aussi pourront entrer en contact avec leur propre cœur et cesser de se juger avec sévérité. « Qui a un cœur peut être sauvé », a dit un vieux Père du IVe siècle. Si ton cœur s'ouvre aux pauvres, aux faibles, alors ta vie sera réussie. Alors, l'ange de la miséricorde qui t'habite se réjouira de t'avoir si bien éduqué.

45.

L'ange de la consolation

Nous avons toujours besoin de consolation quand nous venons de subir une perte ; quand une amitié s'est rompue, quand quelqu'un nous a blessés profondément, quand un être cher nous a été enlevé par la mort. Quelle diversité de formes l'expérience de la consolation peut prendre, un simple regard jeté sur le langage suffit à nous le montrer. Le mot allemand *Trost* dérive de la même racine que *Treue*, la fidélité : il implique donc lui aussi la notion de fermeté. Celui qui a subi une perte est en perte d'équilibre ; il a besoin de quelqu'un qui le raffermisse et l'aide à se tenir debout. Pour dire « consoler », le grec biblique use du mot *parakalein*, dont le sens est invoquer, appeler à l'aide, et aussi consoler, encourager, prodiguer de bonnes paroles. Celui qui fait l'expérience du manque et de la souffrance qui en résulte a besoin d'avoir à ses côtés un ange qui lui prenne le bras et sache lui parler. Pour les Grecs, la consolation passe avant tout par la parole bien ajustée qui rétablit le sens là où la perte l'a détruit, ce qu'elle fait toujours. Mais parler ainsi, ce ne peut être simplement abreuver quelqu'un de « bonnes paroles », car elles seraient sans effet. Prodiguer les « bonnes paroles » à celui qui souffre, ce n'est pas lui faire du bien, c'est passer à côté de sa souffrance ; c'est dire n'importe quoi, quelque chose à quoi l'on ne croit pas soi-même ; c'est proférer des mots qui ne peuvent apporter aucun soutien, recréer aucun sens. Consoler, au contraire, c'est s'adresser vraiment à l'autre, trouver les mots qui l'atteindront, qui ne peuvent concerner que lui seul et qui pénétreront donc dans son cœur ; c'est parler de cœur à cœur, et non pas faire des effets de style ; c'est ouvrir à l'autre un nouvel horizon, et lui permettre de retrouver son assise dans la vie.

Le mot latin, c'est *consolari* : être là avec celui qui reste seul avec sa perte, sa douleur, sa détresse ; trouver l'accès à celui qui s'est refermé sur lui-même, dont la détresse a clos la bouche et le cœur. Tout le monde n'a pas ce pouvoir. Tout le monde n'a pas le courage de frapper à la porte de l'être qui s'est barricadé dans sa souffrance, d'entrer dans la maison du deuil où n'attendent que la solitude et la détresse sans fond. Être avec l'autre, cela signifie partager sa douleur, rester proche de lui en elle. On ne peut pas consoler l'autre du dehors, en lui réservant de pieuses paroles que l'on aura lues ailleurs. Il faut entrer chez lui, et supporter les ténèbres et le déchirement où il demeure. Si l'on a ce pouvoir, alors celui qui est en deuil sentira près de lui la présence d'un ange consolateur, il saura qu'il a reçu la visitation de « l'Astre d'en haut » (Luc, 1, 78).

Depuis toujours, les êtres qui souffrent ont invoqué l'ange de la consolation, l'ont prié de venir à eux et de rester proche d'eux. Dans l'air de ténor de sa cantate pour la Saint-Michel, Jean-Sébastien Bach l'a magnifiquement chanté : « Restez, ô Anges, restez près de moi ! Guidez-moi bien, afin que mon pied ne puisse glisser. » Ce chant plein de ferveur exprime une grande confiance : nous ne sommes pas laissés seuls avec notre douleur, les anges de Dieu nous assistent et demeurent auprès de nous avec constance, jusqu'à ce que notre souffrance se change en un chant de gratitude. Je te souhaite, ami lecteur, de recevoir toi aussi en cas de deuil l'assistance consolatrice d'un ange, qui te rende ton assise dans la vie si elle est ébranlée ; qui sache te parler, te dire les mots justes quand la douleur t'a rendu muet ; qui te visite dans ta solitude et te fasse sentir que tu n'es pas vraiment seul, mais que tu as un compagnon tout au long de ta route. Si tu sais l'ange de la consolation à tes côtés, alors tu pourras faire face à ton deuil avec courage, tu ne tenteras plus de l'esquiver. Consolé, le deuil ne te paralysera plus ; il te mènera au plus profond du mystère de ton existence, et du mystère de Celui qui est descendu vers notre deuil, de Jésus-Christ, la « consolation du monde entier ».

46.

L'ange du discernement

Le discernement, la « prudence », c'est la première des quatre vertus cardinales. C'est la faculté de reconnaître ce qu'il est judicieux et profitable de faire ici et maintenant. Cette vertu s'appelle en latin *prudentia*, forme dérivée de *providentia*, l'aptitude à *pré-voir*, et donc à prendre les précautions qui s'imposent. L'être « prudent », le sage, voit à l'avance, au-delà de la situation dans l'instant ; son horizon est vaste, et il agit avec circonspection ; il évalue la réalité telle qu'elle est. Pour Aristote, la « prudence » est la mère de toutes les autres vertus. Pour agir conformément aux exigences de l'être, il faut d'abord prendre une connaissance exacte de la réalité. D'une façon générale, la vertu, c'est ce qui rend l'homme capable d'être et de faire ce qui correspond à sa vocation profonde. Ma vie n'aura de valeur que si je sais l'organiser en fonction de la réalité. Les anciens distinguaient la « prudence » de la sagesse : celle-ci sonde le mystère de l'être, alors que celle-là s'efforce d'appliquer à tout moment dans la pratique de la vie la connaissance de la réalité.

Nous avons besoin de l'ange du discernement lorsque nous avons à prendre une décision ; sa vue porte plus loin que la nôtre, et son horizon est plus vaste. Il peut donc pré-voir les conséquences éventuelles de notre décision. Nous devons le consulter pour pouvoir discerner les motivations les plus profondes qui nous poussent à décider, et en quel sens la décision sera le plus conforme aux exigences de la réalité. Nous avons donc besoin de cet ange pour porter un jugement adéquat sur une situation délicate. Nous sommes par exemple appelés à régler un conflit ; dans leur excès de zèle, certains croient qu'il suffira d'y mettre assez d'amour, et que tout rentrera dans l'ordre. L'homme « prudent », lui, examinera avec soin la situation ; il s'enquerra des causes du conflit, des opinions divergentes. C'est seulement après avoir tout écouté, tout pris en considération, qu'il émettra un jugement et cherchera les moyens de résoudre le problème. L'homme « prudent » s'efforce de tout voir, de tout comprendre afin que son jugement soit juste.

Jésus nomme « prudent » l'homme qui construit sa maison sur le roc, qui agit sans hâte excessive ; qui ne bâtit pas sur le sable de ses illusions, mais sur le roc d'une vie bien conduite, telle que la décrit le Sermon sur la montagne. Un tel homme pèse en toutes choses le pour et le contre ; ses actes sont réfléchis, il ne multiplie pas les savoirs, mais sait distinguer l'essentiel de l'accessoire. C'est ainsi que Jésus loue le discernement de l'intendant infidèle (Luc, 16, 1-8) qui, dans une situation délicate et apparemment sans issue, a su trouver la bonne solution : celle qui lui permet de réparer sa faute sans déchoir à ses propres yeux. L'homme « prudent » trouve toujours la solution qui convient en un moment donné. Les « vierges sages » sont prévoyantes ; par-delà l'instant présent, elles pensent à l'avenir. Les « vierges folles », elles, ne vivent que dans l'instant. De toute évidence, la « prudence » est la condition d'une vie réussie.

En allemand, la notion de « prudence », d'intelligence avisée (*Klugheit*), est souvent associée à celle d'esprit madré, rusé. Cette association n'est pas juste : la *Klugheit* est une vertu faite de finesse, de délicatesse, d'esprit agile et cultivé, de courage aussi. L'homme qui possède cette vertu ne pense pas seulement avec son intellect, mais aussi avec son cœur ; il saisit avec résolution l'occasion qui se présente. Il perçoit les nuances les plus fines qui échappent à des esprits moins déliés. Le discernement, la « prudence », c'est la raison qui sait appliquer avec réalisme le savoir à l'action. Il n'est guère utile de posséder un vaste savoir si l'on ne sait pas reconnaître ce qu'il est correct de faire dans le moment présent. C'est pourquoi je souhaite, ami lecteur, que l'ange du discernement t'aide à découvrir à chaque instant le chemin qui te fera progresser vers des espaces plus vastes, vers plus de liberté, vers plus d'amour.

47.

L'ange du respect

La notion de respect associe à la considération une sorte de crainte. Il ne s'agit pas de la crainte que peuvent inspirer les hommes, ou les situations dangereuses, mais de cette réserve, de cette distance qu'il importe de conserver pour ne pas devenir importun. Le respect est un sentiment de nature religieuse. Comme l'a dit Romano Guardini, « c'est le sens du sacré, de l'inaccessible, qui, dans l'expérience archaïque de l'existence, environnait toutes les réalités relevant de la sublimité, de la puissance, de la magnificence ». L'être respectueux ne cherche pas à prendre possession de ce qu'il admire ; au contraire, il s'en écarte avec une sorte de timidité. Il rend à l'être humain et à la création le tribut d'étonnement et d'honneurs qui leur est dû. Il se refuse à pénétrer en importun dans le secret des êtres ; il respecte leur mystère. Selon Guardini, toute civilisation authentique commence quand l'homme prend ce recul, quand il concède à la personne sa dignité, à l'œuvre sa beauté. Il n'y a pas de civilisation sans respect. Toutes les religions ont des anges qui communiquent aux hommes le sentiment de respect : qui leur font comprendre qu'ils se trouvent face à quelque chose qui pénètre et transcende leur vie, qui les concerne de manière essentielle, mais les dépasse au point qu'ils ne peuvent que reculer avec un étonnement craintif.

Le respect nous fait renoncer à tout savoir, à tout apprendre de l'autre, à scruter sa plus profonde intimité. Pour saint Benoît, le respect des hommes consiste à croire en la bonté de leur être ultime, à voir en eux l'étincelle divine, le Christ lui-même. Je n'emprisonne pas l'autre dans ses fautes et ses faiblesses ; je porte sur lui un regard plus profond. Derrière une façade qui n'est pas toujours très édifiante, je saisis la nostalgie qui fait la vérité de son être. Tout au fond de son cœur, chaque homme aspire à être bon. Nous ne nions pas le mal que nous voyons faire, mais nous ne condamnons pas celui qui le fait. Nous tentons de voir ce qu'il y a derrière le décor, derrière le mal ; nous constatons alors que nul ne fait jamais le mal par goût pour le mal, mais toujours par désespoir, comme l'a dit le psychiatre munichois Albert Görres.

Le respect implique la considération. Je ne respecte pas un être en raison de ce qu'il sait faire, mais parce que c'est un homme. Quand les humains se sentent respectés, ils se redressent, car ils redécouvrent leur dignité divine. Je n'ai jamais oublié ce que m'a dit un jour un ami argentin à propos de mon père : « Auprès de lui, on se sent respecté. » Pour cet étranger, c'était une expérience importante que de se sentir non pas réduit à sa condition d'étranger, mais respecté en tant qu'homme. Le respect s'abstient de franchir les limites que l'autre souhaite voir sauvegardées, celles de son intimité. Dans un temps comme le nôtre, où, par goût effréné pour le sensationnel, on tend à divulguer ce que les êtres ont de plus personnel, nous aurions le plus grand besoin de l'ange du respect, pour recréer un climat protecteur et bienfaisant de délicatesse et de considération qui permette à chacun d'éprouver vraiment son inaliénable dignité d'être humain.

La notion de respect est associée à celle de grandeur. Or notre temps est caractérisé par une tendance morbide à traîner dans la boue tout ce qui est réputé grand. Les êtres médiocres ne peuvent pas supporter qu'il existe une authentique grandeur humaine ; ils ne peuvent donc s'empêcher d'être à l'affût de toutes les faiblesses, pour se prouver à eux-mêmes que la grandeur humaine, cela n'existe pas, pour justifier leur médiocrité. Le respect admet la grandeur, il s'en réjouit, et, par la joie qu'il en tire, l'être respectueux participe lui-même de cette grandeur qu'il admire. Cependant le respect n'est pas dû à la grandeur seule, mais aussi à la petitesse, aux êtres désarmés et blessés. Le respect reconnaît la dignité divine aussi et surtout sur le visage défiguré par la torture. Exploiter la faiblesse d'un être sans défense est infâme et déshonore l'humanité. Le respect, lui, exalte l'être humain, lui procure un espace de liberté dans lequel il peut découvrir sa propre dignité et se redresser.

Il est aujourd'hui bien des occasions où nous aurions besoin de l'ange du respect pour substituer à ce goût du sensationnel, à tout ce cynisme, un climat de respect de la dignité humaine. Si lors de quelque réunion amicale un tel ange intervenait, alors les ragots des uns sur les autres prendraient fin et l'on verrait naître une atmosphère où chacun pourrait se permettre d'être ce qu'il est tout en se sentant respecté. Si l'ange intervenait lors de la session d'une quelconque assemblée représentative, il ferait taire les attaques blessantes d'un parti contre l'autre, en démasquant leur inconvenance. Dans quelque communauté qu'il intervienne, on verrait refluer la curiosité malsaine qui prétend violer le secret des personnes. Alors nous ne chercherions pas sans cesse à faire que l'autre change ; nous commencerions par le percevoir en tant que personne et à le respecter tel qu'il est. C'est seulement dans une telle atmosphère de respect qu'il pourrait changer en effet, sans devoir renoncer à se respecter lui-même. Pour pouvoir changer, pour pouvoir développer la stature que lui confère sa dignité divine, il faut que l'homme ait conscience de cette dignité.

Je souhaite, ami lecteur, qu'il te soit donné de rencontrer tout au long de ta vie un grand nombre d'anges du respect. Tu sentiras alors se développer en toi le sens du profond mystère qui t'habite ; tu apprendras ce que cela signifie être homme, et tu auras plaisir à l'être. Je souhaite aussi qu'il te soit donné de devenir également toi-même un tel ange pour les autres, et d'apprendre à les voir avec les yeux de l'ange. Tu leur ouvriras alors un espace dans lequel ils pourront être pleinement ce qu'ils sont.

48.

L'ange de la compréhension

La psychologie tente de guérir l'homme malade en le comprenant, sans le juger, sans le condamner, quoi qu'il puisse avoir à exprimer. Lorsqu'il se sent compris, l'être humain peut formuler tout ce qui est en lui ; n'ayant plus peur, il n'a plus rien à dissimuler. Il se sent en bonnes mains : étant compris, il peut se comprendre mieux lui-même ; celui qui le comprend et ne le juge pas exerce sur lui une action curative et libératrice. Voilà qu'il peut enfin dire ce qui l'oppresse depuis si longtemps, mais qu'il a toujours réprimé parce qu'il avait honte, parce que c'était en contradiction avec ses conceptions morales. Ce qu'il formule ainsi ouvertement devant le psychologue perd sa toxicité. L'énergie n'est plus occupée tout entière à dissimuler ces choses désagréables, inavouables ; elles sortent de l'ombre et, amenées au grand jour, elles peuvent être transformées.

Comprendre, c'est en latin classique *comprehendere* : saisir, appréhender, embrasser un ensemble. Qui me comprend se place en face de moi, me

saisit en moi-même et me protège contre les projections que les autres font sur moi ; grâce à cet
écran qui me fait face, j'apprends à m'affronter et
à m'assumer moi-même. Il se porte garant de moi,
afin que je puisse me porter garant de moi-même. Il
m'assume pour que je m'assume mieux moi-même
et que ma position soit mieux assurée. Il porte et
supporte mes problèmes ; le désarroi que j'exprime
ne le fait pas vaciller. En supportant ainsi ma situation, il me rend capable de supporter ma vie, de
me tenir debout. Quand je reçois la visite d'un
ange de la compréhension, j'apprends à mieux tenir
debout, à trouver ma propre assise et mon propre
lieu, ma référence en moi-même. Je trouve peu à
peu une stabilité, je cesse de vaciller, d'osciller faute
de savoir où j'en suis. Je peux m'assumer moi-même
parce qu'un autre, en me comprenant, m'assume et
m'assiste, m'aide à assumer ma vie.

De deux amis, nous disons parfois qu'ils se comprennent, s'entendent à merveille. Mon profond
désir est de trouver non seulement quelqu'un qui
me comprenne, mais encore un ami avec lequel
je m'entende. Les êtres qui se comprennent taci-
tement, entre lesquels ne surgissent pas sans cesse
des malentendus, ont une relation saine ; ils vont
bien ensemble, ils font cause commune, et pourtant
chacun laisse à l'autre sa propre assise et sa stabilité.
Ils ne sont pas obligés de se régler l'un sur l'autre ;
chacun peut se permettre d'être ce qu'il est, de
se manifester selon ses sentiments. Se comprendre,
s'entendre, cela signifie ne pas s'utiliser l'un l'autre.

La relation est saine, alors. Mais cela suppose que chacun soit capable de tenir debout, de bien s'assumer tout seul. Je ne peux bien m'entendre avec un ami que si je me comprends moi-même, si j'ai acquis de moi-même une connaissance suffisante. Si je ne peux tenir debout qu'à condition que l'autre soit là près de moi, alors je tombe dans sa dépendance, ce qui est contraire à ma dignité. Or pour me comprendre j'ai besoin de l'ange de la compréhension : il me comprend mieux que je ne me comprends moi-même. Il voit en moi des choses qui me restent cachées ou que je n'ai pas envie de voir, et il les voit sans porter de jugement ; il voit et il comprend, c'est tout. Cela me permet de me voir tel que je suis, de me comprendre et d'assumer tout ce qui monte de mes profondeurs.

La compréhension guérit. Dans le dialogue de la « cure d'âme », je suis toujours satisfait quand l'autre se sent compris ; il en résulte le sentiment d'une intense proximité. L'autre alors peut se redresser, il respire mieux, il sent son cœur se dilater ; se sentant compris, il accède à une nouvelle stabilité, il sent sous ses pieds un sol plus solide. Il voit disparaître sa peur de n'être pas assez bon, de ne pas pouvoir être tel qu'il est. Je te souhaite donc, ami lecteur, de rencontrer beaucoup d'anges de la compréhension qui te permettent de mieux tenir debout. Et je souhaite qu'il te soit donné de devenir pour d'autres un tel ange. Tu verras quel bien cela te fait quand un autre te dit : « Avec toi, je me sens compris ; je me sens bien près de toi, près de toi l'on est bien, car tu es vraiment là devant moi, et les condamnations des autres ne m'atteignent plus, ni celles que je porte contre moi-même. Près de toi, je peux m'assumer tel que je suis. »

49.

L'ange des ténèbres

Si je te souhaite, ami lecteur, la compagnie de l'ange des ténèbres, ce n'est pas que je veuille que les ténèbres se fassent autour de toi, ni en toi. Ce que je souhaite, c'est qu'un ange te visite et t'accompagne quand tu es déjà dans les ténèbres. Il arrive que les ténèbres s'abattent sur nous, contre notre volonté. Notre climat intérieur tout à coup s'obscurcit ; souvent, nous ne savons même pas d'où nous viennent des sentiments aussi sombres. Pensant à l'avenir, nous ne voyons plus qu'obscurité, que ténèbres ; nous ne savons plus où peut aller notre chemin. Face à notre amitié, à notre mariage, nous sommes comme devant un nuage noir. Tout nous semble gros de menaces. Nous avons peur de ne plus parvenir à sortir de ces ténèbres. Et si pour nous la foi était jusqu'alors une lumière qui éclairait le chemin, il peut se faire qu'elle aussi, même elle, s'obscurcisse, et que Dieu se dissimule derrière les ténèbres de notre cœur.

Bien des gens aujourd'hui souffrent d'humeurs dépressives. La dépression répand les ténèbres sur toutes choses. On sent glisser entre ses mains tout ce qui faisait la joie de vivre ; on a l'impression d'être au fond d'un trou obscur, d'où l'on ne peut plus sortir. Dans ce trou, on perd jusqu'au contact avec sa propre existence. Il n'y a plus de sentiments, plus de sens, il ne reste que les ténèbres. La lumière de l'amour humain ne parvient plus jusqu'à nous. Les paroles les mieux intentionnées passent sur nous sans nous atteindre ; les mots de l'amour même s'affadissent. Les conseils que l'on voudrait nous donner restent sans effet. Toutes ces paroles, nous les entendons, mais nous ne les comprenons plus, elles ne nous disent plus rien, elles glissent sur nous. Souvent, ceux qui voudraient bien arracher l'autre à son trou ténébreux constatent qu'ils ne peuvent parvenir à aucun résultat. Il ne faut alors pas moins que l'intervention d'un ange, descendu du ciel vers ces ténèbres pour tendre la main à celui qui est plongé dans la nuit. Un tel ange ne doit pas avoir peur des ténèbres ; il lui faut être bien assuré de ne pas tomber lui-même dans leur abîme, et donc d'avoir une assise solide. Il faut du courage pour descendre dans le trou et assister ceux qui y sont plongés.

L'ange des ténèbres, c'est aussi l'ange de la nuit. C'est celui qui nous parle en rêve. « La nuit, je veux parler avec l'ange, et savoir s'il accepte de reconnaître mes yeux », écrit Rilke dans un de ses poèmes. Quand nous ne savons vraiment plus comment continuer, quand la parole des autres ne nous atteint plus, alors souvent un tel rêve peut nous faire prendre un tournant. Tout à coup, la lumière revient dans notre esprit. J'ai assisté une jeune femme qui avait été violée. Tout ce que je pouvais lui dire restait quasiment sans effet ; il ne me restait plus qu'à l'écouter dire sa détresse et sa souffrance, et à endurer ses larmes. C'est alors qu'elle a rêvé d'un enfant qui dansait sur le nez d'un géant ; tout alors a soudain changé en elle. Pour la première fois, elle a repris espoir, elle s'est de nouveau sentie vivante, elle a repris goût à la vie. Ce que mes paroles n'avaient pas pu faire, l'ange de la nuit l'a fait à travers un rêve. Dans la Bible, Dieu envoie souvent un de ses anges pour communiquer aux hommes, en rêve, des instructions, pour leur montrer le chemin à suivre désormais, et pour leur donner la certitude qu'Il est avec eux et que leur vie est un succès. Au fond de la citerne où ses frères l'avaient jeté, sans perspective de salut, Joseph avait reçu en rêve l'assurance d'une vie réussie ; ce rêve avait apporté une lumière dans ses ténèbres. C'est pourquoi il ne s'est pas laissé aller au désespoir, mais a tenu bon, fort de la promesse que l'ange lui avait communiquée en rêve. Je souhaite, ami lecteur, que l'ange de la nuit te visite et t'indique les prochains pas que tu auras à faire pour sortir des ténèbres et avancer sur la voie de la liberté et de l'amour.

50.

L'ange du silence

Les anges sont des êtres délicats. On ne peut pas les retenir, les fixer. Ils viennent à l'improviste. Pour pouvoir les rencontrer, il faut être ouvert. Ils arrivent à pas de velours ; il faut un grand silence pour les entendre arriver. Il y a un ange dont la fonction est de nous initier à l'art du silence, à l'atmosphère salutaire qu'il répand. Dans le vacarme de notre monde, précisément, nous avons besoin de beaucoup de silence pour guérir intérieurement. Kierkegaard a dit – le mot est devenu célèbre – que s'il avait été médecin, il aurait donné aux malades ce conseil : « Faites le silence ! » Et Rabindranath Tagore nous y invite lui aussi : « Plonge ton âme dans un bain de silence ! » Le silence, c'est une médication pour nos âmes souvent étouffées par le bruit du monde et qui ne parviennent plus à respirer, envahies de tous côtés comme elles le sont par un brouhaha de pensées et d'images importunes.

Tout ce qui est grand a besoin de silence pour naître en l'homme. Pour Romano Guardini, « seul le silence permet à la connaissance authentique d'advenir ». Saint Jean Climaque, l'ermite du Sinaï, a dit : « Le silence est un fruit de la sagesse et possède la connaissance de toutes choses. » C'est le silence qui nous prépare à bien écouter, à prêter attention aux nuances du son quand quelqu'un nous parle. Mais il est aussi la condition nécessaire pour que nous percevions dans notre cœur la voix de Dieu. Bien des gens aujourd'hui se lamentent parce qu'ils n'ont pas l'expérience de Dieu, que Dieu leur est devenu étranger. Mais ils sont tellement saturés de bruit qu'ils ne peuvent plus saisir ces impulsions légères par lesquelles Dieu parle dans leurs cœurs. Nous avons toujours quelque chose à faire ; dès que l'une de ces impulsions ténues se manifeste en nous, nous l'écartons pour nous tourner vers des réalités plus tangibles. En agissant ainsi, nous ne percevrons jamais la voix de Dieu.

Le silence est synonyme de paix, de repos. L'ange du silence se propose de nous apaiser en faisant taire nos pensées, nos souhaits, nos besoins trop bruyants, afin que nous découvrions en nous un espace silencieux. Les mystiques sont convaincus qu'il existe en chacun de nous un tel espace, auquel n'ont accès ni les pensées ni les affects. C'est aussi un espace où l'être humain ne peut pénétrer avec ses attentes, ses revendications, ses jugements, ses condamnations ; c'est l'espace en moi où je suis entièrement moi-même. Et c'est enfin l'espace de silence où Dieu réside en moi. Là, je suis vraiment libre ; là, nul n'a de pouvoir sur moi, nul ne peut me blesser. Là, j'existe en toute intégrité, en toute santé. Pour moi, c'est un besoin quotidien que de m'asseoir à l'écart et de méditer. En méditant, je sens que mon souffle et la parole que je mêle à mon souffle me conduisent en cet espace intérieur où règne le silence. Ceux qui viennent me voir aujourd'hui à mon bureau n'y ont pas accès ; personne ne peut m'y poursuivre avec ses souhaits, ses jugements, ses condamnations. Là, je peux respirer librement ; j'y suis seul avec mon Dieu. C'est ce qui donne à mon existence sa dignité. C'est dans cet espace intérieur que j'entre en contact avec mon être authentique, avec mon Soi. Le silence me transforme, comme il transforma la querelleuse épouse du rabbi Sussia, dont il est dit : « À partir de cet instant, elle se tut. Et lorsqu'elle fut devenue silencieuse, elle devint joyeuse. Et lorsqu'elle fut devenue joyeuse, elle devint bonne. »

C'est justement quand nous sommes très occupés avec les autres, quand beaucoup de gens attendent quelque chose de nous, quand nous devons nous engager dans des discussions serrées, que nous avons besoin de l'ange du silence pour faire taire en nous ces innombrables paroles que nous entendons tout le jour. Dans le silence, nous pouvons reprendre notre souffle, déposer le fardeau des confidences d'autrui. L'ange du silence voudrait nous introduire dans cet espace de l'âme auquel les autres n'ont pas accès, même ceux pour lesquels nous sommes là. Pour pouvoir nous engager sans angoisse dans le dialogue avec les autres, il nous faut communiquer avec cet espace intérieur voué au silence. Nous n'avons pas alors à craindre d'être déterminés ou surchargés par les problèmes d'autrui, ni d'être intérieurement souillés nous-mêmes par la boue avec laquelle souvent le dialogue nous met en contact.

Il est donc une sphère où nous restons protégés de tout ce dont les autres voudraient se décharger en le déversant sur nous. Dans cette sphère, notre intégrité et notre santé sont sauvegardées. Puisse l'ange du silence t'accompagner, ami lecteur, et te rappeler sans cesse que cette sphère, elle est déjà là en toi. Tu n'es pas obligé de la créer ; il suffit que tu entres en contact, au fond de toi, avec le silence salvateur. Là, tu pourras connaître le repos, la santé, la plénitude ; là réside, en toi, une pureté immaculée que nul vacarme au monde ne pourra jamais troubler.

Table

Invitation à la sérénité du cœur
1998 ; « Espaces libres », 2016

PAR FREDDY DERWAHL :

Anselm Grün, une sagesse pour tous
2010

DERNIERS TITRES PARUS

Composition Nord Compo
Impression CPI Blackprint en janvier 2018
Éditions Albin Michel
22, rue Huyghens, 75014 Paris
www.albin.michel.fr
ISBN : 978-2-226-40073-4
ISSN : 1147-3762
N° d'édition : 12383/16
Dépôt légal : février 2018
Imprimé en Espagne